T0209645

essentials

essentials liefern aktuelles Wissen in konzentrierter Form. Die Essenz dessen, worauf es als „State-of-the-Art" in der gegenwärtigen Fachdiskussion oder in der Praxis ankommt. *essentials* informieren schnell, unkompliziert und verständlich

- als Einführung in ein aktuelles Thema aus Ihrem Fachgebiet
- als Einstieg in ein für Sie noch unbekanntes Themenfeld
- als Einblick, um zum Thema mitreden zu können

Die Bücher in elektronischer und gedruckter Form bringen das Fachwissen von Springerautor*innen kompakt zur Darstellung. Sie sind besonders für die Nutzung als eBook auf Tablet-PCs, eBook-Readern und Smartphones geeignet. *essentials* sind Wissensbausteine aus den Wirtschafts-, Sozial- und Geisteswissenschaften, aus Technik und Naturwissenschaften sowie aus Medizin, Psychologie und Gesundheitsberufen. Von renommierten Autor*innen aller Springer-Verlagsmarken.

Weitere Bände in der Reihe https://link.springer.com/bookseries/13088

Alexander Marinos

Journalistische Praxis: Modernes Nachrichtenschreiben

Neu interpretierte Regeln für einen besseren digitalen Qualitätsjournalismus

 Springer VS

Alexander Marinos
Wülfrath, Deutschland

ISSN 2197-6708   ISSN 2197-6716   (electronic)
essentials
ISBN 978-3-658-36273-7   ISBN 978-3-658-36274-4   (eBook)
https://doi.org/10.1007/978-3-658-36274-4

Die Deutsche Nationalbibliothek verzeichnet diese Publikation in der Deutschen Nationalbibliografie; detaillierte bibliografische Daten sind im Internet über http://dnb.d-nb.de abrufbar.

Planung/Lektorat: Barbara Emig-Roller
Springer VS ist ein Imprint der eingetragenen Gesellschaft Springer Fachmedien Wiesbaden GmbH und ist ein Teil von Springer Nature.
Die Anschrift der Gesellschaft ist: Abraham-Lincoln-Str. 46, 65189 Wiesbaden, Germany

Was Sie in diesem *essential* finden können

- Einen leicht lesbaren Crash-Kurs zum Schreiben von Nachrichten
- Die zwölf wichtigsten Sprach- und Stilregeln
- Tipps für gute Titel, Teaser und Texteinstiege
- Tricks zur Beeinflussung von Suchmaschinen
- Verführerische Hinweise zum Bruch der erlernten Regeln

Vorwort

Jawohl, „digital" und „Qualitätsjournalismus"!

Das schließt sich nicht gegenseitig aus, wie gelernte Printjournalisten gerne unken, sondern passt sehr gut zusammen. Denn auch digitaler Journalismus ist wirtschaftlich nur dann erfolgreich, wenn bestimmte Qualitätskriterien erfüllt sind, die potenzielle Nutzer an die Produkte anlegen. Texte dürfen nicht langweilen; sie müssen wahrhaftig, interessant und insofern nützlich sein; und vor allem müssen sie schnell auf den Punkt kommen. Na, kommt Ihnen das bekannt vor?

Als ich Mitte der 90er Jahre bei einer regionalen Tageszeitung mit meinem Volontariat begann und das Internet noch in den Kinderschuhen steckte, malte mir die Ausbildungsredakteurin ein Dreieck auf ein Blatt Papier, das eine umgekehrte Pyramide darstellen sollte. „Das Wichtigste zuerst!", sagte sie zu ihrer etwas krakeligen Zeichnung. Ein einfaches Prinzip – schnell verstanden, aber gar nicht so leicht umgesetzt, wie sich bald herausstellen sollte.

Die digitale Transformation in den (ehemaligen!) Zeitungsredaktionen hat dieser guten alten Regel neues Leben eingehaucht. Nachrichten und damit das Nachrichtenschreiben, das zwischenzeitlich etwas aus der Mode gekommen war, erleben eine Renaissance. Und das, da mache ich aus meinem Herzen keine Mördergrube, erfüllt mich mit Freude und Genugtuung.

Seit nunmehr 20 Jahren bringe ich angehenden Journalisten[1] im Auftrag von Hochschulen, Stiftungen und anderen Bildungseinrichtungen das Nachrichtenschreiben bei. Ich tue dies mit großer Lust, denn jedes Mal lerne auch ich als promovierter Diplom-Journalist, ehemaliger Nachrichten- und Politikchef und langjähriges Mitglied von Chefredaktionen regionaler Tageszeitungen etwas dazu.

---

[1] In diesem Band wird das generische Maskulinum verwendet.

Es lag nahe, die so gewonnenen Erkenntnisse einmal, nun ja, „zu Papier" zu bringen.

In meiner Dissertation (2001) ging es um die Redewiedergabe im nachrichtlichen Zeitungstext. Mit der Veröffentlichung eines *essentials* zum Nachrichtenschreiben zwei Jahrzehnte später schließt sich nun der Kreis. Es ist mir eine Ehre, damit einen kleinen Beitrag zur Reihe „Journalistische Praxis" zu leisten, die von Walther von La Roche gegründet wurde. Der Herausgeberin der Reihe, Frau Prof. Gabriele Hooffacker, sei herzlich für das Vertrauen gedankt.

Alexander Marinos

Inhaltsverzeichnis

1	**Einleitung**	1
2	**Der 45-Minuten-Crashkurs zum Nachrichtenschreiben**	5
	2.1 Nachrichtenaufbau	6
	2.2 Nachrichtenfaktoren	14
	2.3 Abgrenzung zu anderen Stilformen	17
	2.4 Zeitenfolge	20
	2.5 Sprache und Stil	21
	2.6 Redewiedergabe	25
	2.7 Online-Titel, -Teaser, -Texteinstiege	30
3	**Der professionelle Regelbruch**	39
	3.1 Mehr Intersubjektivität wagen	40
	3.2 Die Pyramide umformen	43
	3.3 Authentizität als Waffe nutzen	49
4	**Schluss**	53
	Literatur	57

Einleitung

Das Wichtigste zuerst. Das ist in der Tat die erste und wichtigste aller klassischen Regeln. Bricht der Nachrichtenfluss unvermittelt ab, so ist das Wichtigste immerhin beim Empfänger angekommen. Mitte des 19. Jahrhunderts, als sich dieses Prinzip herausbildete, ging es um unzuverlässige Telegrafenverbindungen. Der Reporter konnte nie wissen, ob und wann die Technik versagt. Heute geht es weniger um Technik als um Aufmerksamkeit.

Wenn Sie, lieber Leser, dieses Büchlein also jetzt schon zur Seite legen sollten, weil Ihnen Ihre Smartwatch durch nervöses Klopfen aufs Handgelenk signalisiert, dass vermeintlich spannendere Informationen auf Sie warten, dann weiß ich immerhin: Das Wichtigste aus dieser Einleitung ist bei Ihnen bereits angekommen. Das tröstet.

Wir haben keine Zeit. Die zunehmende Fülle an Informationen, die sich mit immer neuen akustischen, optischen und sogar taktilen Signalen ankündigen, geben uns ständig das Gefühl, etwas zu verpassen. Wir hetzen von einer Whats-App- oder Teams-Chat-Nachricht zum nächsten Facebook-Post und zurück – und schaffen es doch kaum, das Smartphone wegzulegen und zu denken: „Geschafft! Ich weiß, was ich jetzt wissen muss."

Immer mehr Nachrichten werden immer kürzer. Das ist die logische Konsequenz aus dieser Entwicklung. Eine Eilmeldung muss heute auf das Display einer Uhr passen. Und wenn die Schlagzeile einer Nachrichten-Web-Site, vielleicht noch in Kombination mit dem Teaser, nicht direkt auf den Punkt kommt, dann geht das Wegscrollen oder Weiterklicken noch schneller als das Umblättern einer Zeitungsseite.

A. Marinos, *Journalistische Praxis: Modernes Nachrichtenschreiben*, essentials, https://doi.org/10.1007/978-3-658-36274-4_1

Es herrscht das Diktat des kleinen Bildschirms. „Online first" ist als journalistisches Produktionsprinzip längst dem „Mobile first" gewichen. Die Producer in den modernen Newsrooms sind folgerichtig gehalten, nicht mehr nur auf große Monitore zu schauen, sondern auf ihre Smartphones. Denn erst dann haben sie vor Augen, wie die allermeisten User die redaktionellen Angebote wahrnehmen.

Das Nachrichtenschreiben is back, my friends! Ob das eine gute Nachricht für den einzelnen Journalisten ist, hängt davon ab, ob er das Nachrichtenschreiben (noch) beherrscht. Das aber muss er im Hinblick auf die digitalen Distributionskanäle, wenn diese wirtschaftlich sein sollen. Jene audiovisuell gepimpte narrative Aufblähung jedenfalls, die sich unter dem wohlklingenden Begriff „Storytelling" oder, noch buzzwordiger, „Scrollytelling" verbirgt, ist im Digitaljournalismus längst out – wenn man nicht mit sehr viel Aufwand möglichst wenig Reichweite erzielen will, was *eigentlich* nur in einem gebührenfinanzierten Umfeld geht und *uneigentlich* gar nicht.[1] In der Kürze liegt die Würze.

Auch die beliebten Liveticker sind keine Langformen, sondern eine Ansammlung von kurzen Nachrichten zu einem wichtigen laufenden Ereignis und als onlinespezifische nachrichtliche Darstellungsform nicht mehr wegzudenken. Mithilfe des Tickers (auch Liveblog genannt) wird ein Ereignis in viele einzelne Unterereignisse segmentiert, die zum Zeitpunkt ihrer Vermeldung meist jeweils abgeschlossen sind. Liest man den Ticker nach Fertigstellung, sind alle wichtigen Informationen in umgekehrt chronologischer Reihenfolge aufgelistet. Hier steht zwar nicht das Wichtigste zuerst. Dafür folgt der Ticker aber einem anderen wesentlichen Nachrichtenaufbau-Prinzip: Das Neueste zuerst.

Rund 20 Jahre ist es nun schon her, dass Siegfried Weischenberg vor den „Hybrid-Formen" im Sinne eines „everything goes" warnte (2001, S. 13). Denn in den Zeitungsredaktionen galt die Devise: „Bloß weg mit den vermeintlich schwerfälligen Nachrichten!" Hybrid-Formen nannte Weischenberg vornehm verwissenschaftlicht eine journalistische Textgattung, mit deren Hilfe unselige Autoren einen an sich intakten Nachrichtenkern in einem ungenießbaren Brei aus FeatureElementen verkleisterten und glaubten, das sei für das angeblich nachrichtenmüde Publikum attraktiv. In Wahrheit war das schon damals dysfunktional im Hinblick auf

---

[1] Für diese kleine Frechheit bitte ich meine öffentlich-rechtlichen Kollegen um Entschuldigung.

den Printleser. Im Hinblick auf den Online-User ist es heute geradezu tödlich. Ausgerechnet die digitale Transformation der sich wandelnden (Ex-) Zeitungsverlage führt Nachrichtenredaktionen nun zurück zu ihren Wurzeln.

„Entschuldige meinen langen Brief, für einen kurzen hatte ich keine Zeit." Dieses Zitat wird mal Voltaire, mal Goethe, mal Churchill und mal Mark Twain zugeschrieben. Von wem auch immer es stammen mag – jeder professionelle Schreiber weiß, dass darin viel Wahrheit steckt. Muss man also Respekt vor den kurzen Formen haben? Ja. Muss man Angst vor ihnen haben? Nein. Denn Nachrichtenschreiben kann Spaß machen. Wenn man die wichtigsten Techniken beherrscht, lässt sich trefflich mit ihnen spielen. Und dann wird auch das Nachrichtenlesen zum reinsten Vergnügen.

Merke: Qualität kommt nicht von Qual. Ganz im Gegenteil.

„Mensch beißt Hund" – das ist eine Nachricht. „Hund beißt Mensch" – das ist keine Nachricht. Es sei denn, zwei Kampfhunde beißen einen kleinen Jungen zu Tode, wie im Juni 2000 in Hamburg geschehen. In der Folge reißt die Kette von Nachrichten nicht ab, wonach irgendwo in Deutschland irgendwelche Hunde irgendwelche Menschen beißen, obwohl in allen nachfolgenden Fällen den Menschen zum Glück kaum etwas passiert und es jeder einzelne Fall, für sich betrachtet, ohne das initiale Ereignis in Hamburg nicht in die Medien geschafft hätte. Ein Phänomen, das wir noch näher betrachten werden (Abschn. 2.2).

News is what's different. Dietz Schwiesau und Josef Ohler definieren in ihrem Buch „Nachrichten – klassisch und multimedial" Nachrichten so (2016, S. 2):

> Die Nachricht ist eine direkte, auf das Wesentliche konzentrierte und möglichst objektive Mitteilung über ein neues Ereignis, das für die Öffentlichkeit wichtig und/oder interessant ist.

Kurze Nachrichten (bis 25 oder 30 Zeilen einer klassischen Zeitungsseiten-Spalte) sollen hier als *Meldungen* gelten, längere Nachrichten als *Berichte,* die bitte nicht mit den Korrespondenten-Berichten der Nachrichtenagenturen, kurz: „Korrs", verwechselt werden sollten, denn hier handelt es sich nicht um nachrichtliche Texte, sondern um Features und/oder Hintergrund-Stücke.

Und nun stoppen Sie die Zeit! In den nächsten 45 Minuten (plus/minus x) erfahren Sie alles zum klassischen Nachrichtenschreiben, was ein Journalistik-Student im ersten Semester lernt. Sie sind kein Journalistik-Student im ersten Semester, sondern

© Der/die Autor(en), exklusiv lizenziert durch Springer Fachmedien Wiesbaden GmbH, ein Teil von Springer Nature 2021
A. Marinos, *Journalistische Praxis: Modernes Nachrichtenschreiben*, essentials,
https://doi.org/10.1007/978-3-658-36274-4_2

schon ein gestandener Profi? Prima. Dann lesen Sie das alles hier schneller innerhalb von 30 Minuten und frischen Sie Ihr Wissen auf.

Es sind nicht allzu viele Regeln, und nicht alle sind in Stein gemeißelt. Manches kann man so oder so betrachten, auch wenn die meisten Ausbilder in den Redaktionen Praktikanten und Volontären ihre Sicht auf die Dinge meist als die einzig richtige verkaufen wollen. Wann immer wir auf so einen „Graubereich" stoßen, weise ich Sie darauf hin.

2.1   Nachrichtenaufbau

Wie wird eine Nachricht klassisch aufgebaut? Am besten ist, wir verdeutlichen uns das an einem typischen Beispiel, wie man es so oder so ähnlich wohl in jeder regionalen Tageszeitung finden könnte. Das Beispiel entstammt dem Düsseldorfer Lokalteil der Westdeutschen Zeitung (WZ).

Beispiel: Eine Meldung aus der WZ vom 19.01.2008

Grüne beklagen Bau-Stau an Schulen
Wie die WZ berichtete, gibt es an den vier in Düsseldorf als Ganztagsschulen ausgewiesenen Hauptschulen einen erheblichen Bau-Stau. So haben die Schüler keine eigenen Mensen, müssen in Restaurants essen gehen. Die Ratsfraktion der Grünen wundert das nicht: „Wir haben schon mehrfach im Bau- und im Schulausschuss moniert, dass die Sanierung der Schulen erheblich im Zeitverzug ist", sagt Ratsherr Wolfgang Scheffler. Der Vorschlag der Grünen: Das Management der Schulsanierung an eine externe Firma zu übergeben. Das Amt für Immobilienmanagement sei offensichtlich überfordert. Das Konzept der Ganztagsschule drohe so ins Leere zu laufen, warnt Scheffler.◄

Ist das eine gut aufgebaute Nachricht? Es ist offensichtlich, dass dies nicht der Fall ist. Schon die Einleitung *„wie die WZ berichtete"* verrät, dass hier mit der Vorgeschichte begonnen wird, nicht mit dem Nachrichtenkern. News sollten aber, das steckt schon im Begriff, mit der Neuigkeit starten, nicht mit dem, was dem Leser altbekannt ist. Das würde ihn im Zweifel langweilen; es würde ihn wertvolle Rezeptionszeit kosten ohne sofortigen Erkenntnisgewinn.

Aber wer ist „der Leser"? Das ist eine sehr gute Frage, und die Antwort ist unbefriedigend. Es gibt „den Leser" nicht. Die Leserschaft ist eine heterogene Masse. Insofern ist auch nicht auszuschließen, dass einzelne Leser die Vorgeschichte zu dieser Meldung nicht kennen, weil sie sie schlicht übersehen haben oder weil sie von einer dreimonatigen Weltreise zurückgekehrt sind oder weil sie die „WZ" als Neu-Abonnenten oder Gelegenheitskäufer überhaupt zum ersten Mal in der Hand halten, oder oder oder. Für diese Leser enthielte der erste Satz, der sogenannte Lead-Satz, tatsächlich eine Neuigkeit. Doch die Masse der Abonnenten, und auf die kommt es an, wird die Vorgeschichte zu einem zentralen lokalen Thema (erheblicher Bau-Stau an den vier Ganztags-Hauptschulen) wohl wahrgenommen haben.

Was ist also der Nachrichtenkern? Und wie müsste der Lead-Satz lauten, wenn man den Nachrichtenkern ganz nach vorne packt?

> **Beispiel: Leadsatz 1**
>
> Das Management der Schulsanierung sollte an eine externe Firma übergeben werden.◄

Tatsächlich ist das die Neuigkeit innerhalb einer Ereignisfolge zum Thema „Sanierungsstau an den Schulen". Gut ist im Beispiel zudem, dass es sich um einen relativ kurzen, knackigen Leadsatz handelt, der ohne einen Nebensatz, einen erweiterten Infinitiv oder eine Partizipialkonstruktion auskommt. Nur fehlt hier eine entscheidende Information, die sofort genannt werden müsste: Wer stellt diese Forderung auf? Etwa der Autor des Leadsatzes? Dann würde es sich nicht um einen nachrichtlichen Text handeln, sondern um den Einstieg in eine Kommentierung.

Retten lässt sich das eigentlich nur über den zweiten Satz, in dem nun dringend Ross und Reiter genannt werden müssten: „Das fordern die Grünen", oder präziser: „Das fordert Grünen-Ratsmitglied Wolfgang Scheffler". Erst mit diesem zweiten Satz wäre der Leadsatz nicht mehr missverständlich, ließe sich die Forderung zuordnen. Es ist offensichtlich, dass das kein gutes Konzept darstellt. Denn der Leser wird beim Zusammensetzen beider Informationen – der Forderung und dem Hinweis darauf, wer die Forderung aufgestellt hat – gezwungen, gleichsam gegen die Leserichtung zu denken. Der Lesefluss wird gestört. Manche Lehrmeister des Nachrichtenschreibens halten es gar für „journalistisch indiskutabel", eine Meinungsäußerung im Leadsatz als Feststellung zu verkaufen (Schwiesau 2016, S. 43).

Eine zumindest verkürzte Quellenangabe gleich zu Beginn ist darum zwingend, sofern Gegenstand der Berichterstattung eine Meinungsäußerung ist, wie das bei politischen Äußerungen regelmäßig der Fall ist. Der Leadsatz könnte also so lauten:

Beispiel: Leadsatz 2

Die Grünen fordern, dass das Management der Schulsanierung an eine externe Firma übergeben wird. ◄

Aber ist das streng genommen erlaubt? Nehmen wir an, Wolfgang Scheffler ist autorisiert, für seine Fraktion zu sprechen. Vielleicht ist er sogar der schulpolitische Sprecher oder gar der Fraktionsvorsitzende der Grünen im Rat der Stadt Düsseldorf. Vorsitzende, Präsidenten und (Presse-) Sprecher dürfen regelmäßig für die Institutionen sprechen, denen sie vorsitzen bzw. die sie vertreten. Bleibt aber die Frage, ob man dann Fraktion und Partei gleichsetzen kann. Denn im Beispiel oben heißt es ja „Die Grünen" und nicht „Die Ratsfraktion der Grünen". Letztlich kommt es bei der Beantwortung dieser Frage auf das Erfahrungswissen des Reporters an. Normalerweise gibt es in solchen kommunalpolitischen Fragen keinen Dissens zwischen Partei und Fraktion. Gäbe es diesen, wäre das selbst Gegenstand möglicher Berichterstattung. In der überwiegenden Zahl der Fälle ist die Gleichsetzung also in Ordnung: Die Fraktion spricht auch für die Partei.

Die verkürzte Quellenangabe gibt nun Luft, die ausführlichere Quellenangabe etwas später – etwa im zweiten oder dritten Satz – folgen zu lassen. Typisch für einen idealen Nachrichtenaufbau wäre es, die ausführliche Quellenangabe mit dem ersten relevanten Zitat zu verbinden, das dann wie eine Bestätigung des Nachrichtenkerns im Leadsatz wirkt. Das sähe dann so aus:

Beispiel: Leadsatz 2 plus ausführliche Quellenangabe mit Zitat

Die Grünen fordern, dass das Management der Schulsanierung an eine externe Firma übergeben wird. Ratsherr Wolfgang Scheffler sagte, seine Fraktion habe „schon mehrfach im Bau- und im Schulausschuss moniert, dass die Sanierung der Schulen erheblich im Zeitverzug ist". ◄

Freilich geht das noch etwas besser. Denn Hauptsachen gehören in Haupt-, Nebensachen in Nebensätze. Im Beispiel-Leadsatz steht aber die Hauptsache, also die Forderung, im Nebensatz. Hier begegnet uns nun etwas Typisches beim Nachrichtenschreiben: Man bekommt nicht immer alles unter einen Hut, handelt sich mit manchen Vorteilen bestimmte Nachteile ein. Wie wäre es also mit folgendem Leadsatz, der ohne ein Komma auskommt und dadurch sehr flüssig wirkt?

Beispiel: Leadsatz 3

Die Grünen wollen das Management der Schulsanierung an eine externe Firma übergeben.◀

Zwei neue Probleme tauchen auf. Erstens wissen wir nicht, was die Grünen *wollen,* wir wissen nur, was sie *sagen.* Das muss nicht unbedingt deckungsgleich sein (dazu später mehr). Zweitens sind die Grünen vermutlich gar nicht in der Lage, das Management an eine externe Firma zu übergeben, weil dies nur die Verwaltung kann. Folgende Lösung stellt einen Kompromiss dar:

Beispiel: Leadsatz 4

Die Grünen fordern, das Management der Schulsanierung an eine externe Firma zu übergeben.◀

Immerhin ersetzt nun ein erweiterter Infinitiv mit zu den etwas komplizierteren und längeren konjunktionalen Nebensatz. Allerdings steht die Hauptsache so nicht im Hauptsatz. Es hilft auch nicht, die beiden Satzteile umzudrehen, also mit der Forderung zu beginnen und die verkürzte Quellenangabe „fordern die Grünen" dranzuhängen. So spricht kein Mensch, und so sollten wir auch nicht schreiben.

Fassen wir also zusammen: Der Nachrichtenkern, das, worauf alles weitere fußt, die Basis der Nachricht – sie gehört an den Anfang. Es geht um die wichtigste Neuigkeit. Der Autor muss alle neuen Informationen nach ihrer Relevanz sortieren: das Wichtigste zuerst, weniger Wichtiges danach, Unwichtiges weglassen. Dazu kommt die Quellenangabe. Es folgen Einzelheiten, die Hintergründe, die Vorgeschichte. Das Prinzip der abnehmenden Wichtigkeit lässt sich am besten durch die umgekehrte Pyramide beschreiben (siehe Abb. 2.1).

Sie ermöglicht die Kürzung von hinten weg, ohne dass die Nachricht sinnlos wird. Und gekürzt wird fast immer: in der Redaktion, wenn dem Editor die vom Reporter abgelieferte Nachricht zu lang erscheint, oder im Wohnzimmer/am Küchentisch/in der Bahn, wenn der Leser keine Zeit und/oder Lust hat, die Nachricht bis zum Ende zu lesen. Übrigens ist es ein Gerücht, dass das Internet keine Zeilenbegrenzung kennt wie die Zeitung. Im Gegenteil: Die User wollen schnell

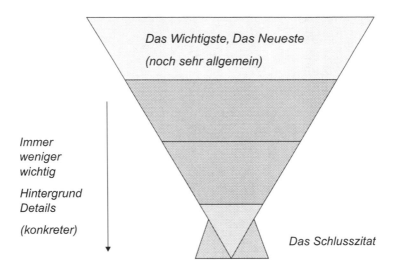

Abb. 2.1   Die umgekehrte Pyramide. (Eigene Abbildung)

die für sie relevanten Informationen bekommen, und das gelingt am besten, wenn nachrichtliche Texte nach dem Prinzip der umgekehrten Pyramide aufgebaut und nicht zu lang sind.

Auch die Qualität der Quelle bestimmt deren Platzierung. Also: Bei referierten Meinungsäußerungen gehört zumindest eine verkürzte Quellenabgabe bereits in den ersten Satz. Bei referierten Tatsachenbehauptungen genügt dagegen eine erste Nennung der Quelle im zweiten oder dritten Satz – es sei denn, die Quelle ist unsicher, etwa weil sie als unseriös oder als nicht unabhängig gilt. Auch dann sollte sie schon im ersten Satz genannt werden. Grundsätzlich aber erfolgt eine ausführliche Quellenangabe im zweiten, spätestens im dritten Satz.

Zu den sichersten journalistischen Quellen gehören Behörden wie etwa die Polizei. Ausnahmsweise kann die explizite Quellenangabe „Polizei" auch ganz entfallen, wenn aus dem Kontext heraus erkennbar ist, dass sich der Nachrichtentext auf Polizeiangaben bezieht (zum Beispiel innerhalb einer Rubrik „Aus dem Polizeibericht"). In der modernen Nachrichtenpraxis hat es sich zudem durchgesetzt, dass bei der Wiedergabe sicherer Quellen indirekte Zitierungen zugunsten einer verbesserten Lesbarkeit im Indikativ stehen, nicht im Konjunktiv. Fällt die Nennung der Quelle ganz weg, ist die Nutzung eines Konjunktives grammatikalisch ohnehin nicht möglich, da dies eine zumindest einmalige Redeeinleitung (zum Beispiel: „Die Polizei teilte mit") erfordern würde.

Überladene Leadsätze verführen zu reinen Quellensätzen im zweiten Satz wie im nachfolgenden Beispiel.

Beispiel: Überladener Leadsatz

Bei einem Raubüberfall auf eine Tankstelle in Darmstadt ist am Freitagabend der 49-jährige Besitzer durch mehrere Bauchschüsse verletzt worden. Das teilte die Polizei mit.◄

Der Leadsatz beantwortet gleich fünf W-Fragen: Wie? Wo? Wann? Wer? Was? Wer sein Pulver derart verschossen hat, dem geht im zweiten Satz – dem zweitwichtigsten Satz der Meldung – der relevante Inhalt aus. Die Folge ist ein enormer, wenig elegant wirkender Spannungsabfall. Vor allem die Nachrichtenagenturen neigten früher dazu, Leadsätze zu überfrachten, weil sie Redakteure vor Augen hatten, die beim Querlesen der Ticker über den ersten Satz angeblich nicht hinauskamen. Im nachfolgenden Beispiel wurde der Leadsatz leicht entschlackt mit der Folge, die Quellenangabe im zweiten Satz nun mit weiteren relevanten Informationen anreichern zu können.

Beispiel: Entschlackter Leadsatz

Bei einem Raubüberfall auf eine Tankstelle in Darmstadt ist der Besitzer verletzt worden. (Wie? Wo? Wer? Was?)
Wie die Polizei mitteilte, hatte der Täter am Freitagabend den Verkaufsraum betreten und dem 49-Jährigen ohne Vorwarnung mehrfach in den Bauch geschossen. (Wer teilt mit? Wann? Wer genau? Was genau? Details folgen)◄

Meist gibt es mehrere Möglichkeiten für einen nachrichtlichen Texteinstieg. Denkbar ist auch, aus einer größeren Flughöhe auf das Thema zu blicken, bevor es dann konkreter wird. Im oben diskutierten Beispiel rund um die Düsseldorfer Ganztagsschulen könnte das so aussehen:

Beispiel: Meldung Variante A

Das Konzept der Ganztagshauptschulen droht nach Ansicht der Grünen ins Leere zu laufen. Die Sanierung der Schulen sei „erheblich im Zeitverzug", sagte Ratsherr Wolfgang Scheffler. Seine Fraktion habe dies wiederholt im Bau- und Schulausschuss moniert. Die Grünen schlagen daher vor, das Management der Schulsanierung an eine externe Firma zu übergeben.

An den vier Düsseldorfer Ganztagshauptschulen gibt es schon länger einen erheblichen Bau-Stau. Die Schüler verfügen dort noch immer über keine eigenen Mensen und müssen daher mittags auswärts essen gehen. Offensichtlich sei das Amt für Immobilienmanagement überfordert, fügte Scheffler hinzu.◄

Ein Schlusszitat rundet die Meldung ab. Als Faustregel hat sich bewährt: Das stärkste Zitat im zweiten Satz, das zweitstärkste im letzten. So gelingt es, die umgekehrte Pyramide auf einen kleinen Sockel zu stellen und zu stabilisieren – in der Hoffnung, dass der professionell Redigierende das Schlusszitat nicht von hinten wegkürzt, sondern bei einer etwaigen Kürzung verschont (Abb. 2.1).

Den Freunden des gepflegten Krawalls sei noch diese Leadsatz-Variante ans streitbare Herz gelegt. Viele Wege führen nach Rom, und man kann in der journalistischen Bewertung auch ein anderes Zitat für das wichtigste halten und konsequent nach vorne setzen.

Beispiel: Variante B

Die Grünen haben dem städtischen Amt für Immobilienmanagement vorgeworfen, offensichtlich überfordert zu sein.◄

Abschließend noch eine wichtige Routine: Die gerade schon erwähnten W-Fragen helfen nicht nur, einen nachrichtlichen Text zu strukturieren und uns daran zu erinnern, dass die Fragen Wer? Was? Wann? und Wo? in wirklich jeder Nachricht zu beantworten sind. Sie helfen auch beim Texteinstieg. Hat man einmal die nachfolgend aufgeführten Einstiegsarten verinnerlicht, fällt die Formulierung des ersten Satzes, mit dem jeder Text steht oder fällt, auch in Stresssituationen nicht mehr allzu schwer.

Der Wer- und der Was-Einstieg funktionieren immer – fast immer, müsste man präzisieren, denn beim Rundfunk oder in Podcasts, also beim Schreiben fürs Hören,

ist der Was-Einstieg schlicht verboten. Wir verdeutlichen uns das anhand eines
neuen Beispiels.

Beispiel für einen Was-Einstieg

Eine erneute Steuererhöhung schließt Bundesfinanzminister Otto Pfennigfuchser nicht aus.◄

Die Idee ist nicht schlecht: Wenn uns die umgekehrte Pyramide nahelegt, immer
mit dem Wichtigsten zu beginnen, dann müsste diese Regel konsequenterweise
auch auf den Leadsatz selbst angewendet werden. Was also ist wichtiger? Dass
Otto Pfennigfuchser etwas nicht ausschließt oder dass die Steuern erneut steigen
könnten? Jeder würde wohl spontan dazu neigen, die Steuererhöhung ganz nach
vorne zu stellen. Das Blöde ist nur: So spricht kein Mensch. Keiner würde dem
anderen erzählen: „Willi, hast Du schon gehört? Eine erneute Steuererhöhung plant
der Pfennigfuchser." Jeder würde es doch in etwa so ausdrücken: „He, Willi, der
Pfennigfuchser will schon wieder die Steuern erhöhen." Erst nennen wir Ross und
Reiter, dann die Sache, um die es geht. In der Tagesschau würde der Wer-Einstieg
verwendet, nicht der Was-Einstieg:

Beispiel für einen Wer-Einstieg

Bundesfinanzminister Pfennigfuchser schließt nach eigenen Worten nicht aus,
die Steuern erneut anzuheben.◄

So reden wir. Und so denken wir auch. Subjekt, Prädikat, Objekt. Denn natürlich
ist es für die Einordnung der rudimentären, für den gemeinen Steuerzahler durchaus
sehr wichtigen Information, dass die Steuern erhöht werden könnten, essentiell, wer
auf diese fiese Idee gekommen ist. Irgendein Hinterbänkler im Bundestag? Oder
etwa doch das entscheidende Regierungsmitglied? Folgt letztere Information erst
am Ende des Leadsatzes, der mit dem „Was" beginnt, muss das Gehirn etwas tun,
was es ungern tut: von hinten nach vorne denken.

Was das für das Schreiben fürs Lesen bedeutet? Alles und nichts; wir befinden uns in einem dieser „Graubereiche". Man kann sich als Nachrichtenschreiber
aussuchen, ob man den Wer- oder den Was-Einstieg bevorzugt. Meine Empfehlung
wäre, Lesern nicht per se mehr zumuten zu wollen als Hörern. Ich möchte auch und
gerade beim Lesen stets von vorne nach hinten denken. Ich möchte zunächst den
Namen „Pfennigfuchser" wahrnehmen, damit alle Alarmglocken klingeln: Das ist

der Finanzminister! Jetzt geht es ums Geld! Womöglich mein Geld! Und dann bin ich sofort bereit, die Nachricht des Grauens zur Kenntnis zu nehmen: Die Steuern könnten steigen.

Vieles spricht für den Wer-Einstieg. Aber damit und mit dem Was-Einstieg sind die Möglichkeiten des Texteinstiegs noch nicht erschöpft:

Weitere Leadsatz-Einstiege
Wie-Einstieg: Mit Bedauern hat Bundesfinanzminister Otto Pfennigfuchser angekündigt ...

Warum-Einstieg: Aufgrund der Schieflage im Bundesetat will Finanzminister Pfennigfuchser eigenen Worten zufolge nicht mehr ausschließen ...

Im/In-Einstieg (typisch für Ereignisketten): In der Debatte um mögliche Steuererhöhungen hat Finanzminister Pfennigfuchser ...

Nach-Einstieg (typisch für Folgeberichterstattung): Nach den milliardenschweren Sonderausgaben in der Corona-Krise will Finanzminister Pfennigfuchser ...

Einen Sonderfall stellt der Bei-Einstieg dar. Er ist meist das Mittel der Wahl, wenn es um Katastrophen oder Unfälle geht, weil sich Ursache und Folgen so in einem Atemzug miteinander verbinden lassen, ohne mit Nebensätzen arbeiten zu müssen.

Beispiel: Bei-Einstieg

Bei einem Verkehrsunfall sind heute Morgen in Wuppertal drei Menschen schwer verletzt worden.◄

2.2   Nachrichtenfaktoren

Wann kann ein Ereignis zu einer Nachricht werden? Zwei Voraussetzungen müssen erfüllt sein. Erstens: Es handelt sich um eine Neuigkeit. Doch das reicht noch nicht. Wenn der berühmte Sack Reis in China umfällt, dann mag das zwar ein aktuelles Ereignis sein. Es fehlt jedoch, zweitens, die Relevanz. Hat der umgekippte Sack Reis am Flughafen in Peking den internationalen Flugverkehr erheblich ins Stocken gebracht, kommen wir der Sache schon näher.

Wie stellt man Relevanz fest? Und wer bestimmt, was relevant ist? Relevant für wen? Die Antwort auf die letzte Frage ist scheinbar simpel: Es geht um die Relevanz für den Leser. Tatsächlich aber tun wir Journalisten uns schwer mit dieser Antwort, und zwar aus zwei Gründen. Nicht wenige von uns haben so eine Art Oberlehrer-Gen in sich. Sie wollen allein aufgrund ihrer Erfahrungen und Einstellungen bestimmen, was wichtig ist und was nicht. Manche Kollegen entwickeln dabei ein ausgeprägtes Sendungsbewusstsein bei der Frage, welche Informationen sie aus pädagogischen Gründen pushen müssten und welche sie lieber nur am Rande oder gar nicht veröffentlichen, weil sie meinen, bestimmte Nachrichten täten der Gesellschaft nicht gut, sie könne damit nicht vernünftig umgehen.

Der zweite Grund ist trivialer: Wir können nicht vor jeder Veröffentlichung eine Umfrage starten, welche Informationen unsere Rezipienten tatsächlich wichtig finden und welche eher nicht. Wir müssen uns – zunächst – auf unsere journalistische Empathie verlassen, darauf, dass wir eine Ahnung haben, was für unsere Leser relevant ist. Allerdings gibt es zwei wertvolle Hilfsmittel, ein neues und ein altes. Das neue Hilfsmittel im digitalen Zeitalter ist die Rückmeldung aus dem Markt: Welche Artikel erzielen Reichweite, was wird bis wohin gelesen – und wofür, bitteschön, wird bezahlt? So gut waren wir alten Zeitungsfritzen noch nie informiert darüber, was unsere Kunden wollen und was nicht. Und der Kunde, liebe Kolleginnen und Kollegen Oberlehrer der Nation, ist König. Wir haben dagegen „nur" eine dienende Funktion.

Das alte Hilfsmittel sind die Nachrichtenfaktoren. Nachrichtenfaktoren sind Merkmale, die wir einem Ereignis zurechnen und die für die Rezipienten erfahrungsgemäß von Relevanz sind.

> **10+1 Nachrichtenfaktoren**
>
> 1. Folgenschwere (Intensität)
> 2. (Örtliche und soziale) Nähe
> 3. Kuriosität, Überraschung (Superlative)

4. Konflikt, Kriminalität
5. Dramatik, Spannung
6. Prominenz
7. Wissenschaft, Fortschritt
8. Liebe und Sex
9. Kinder, Tiere
10. Kontinuität
11. Service, Lebenshilfe

Wenn der umgefallene Sack Reis den Flugverkehr nicht nur in China beeinflusst, sondern in ganz Asien, dann steigt der Nachrichtenwert des Ereignisses aufgrund des oben aufgelisteten Nachrichtenfaktors Nr. 1. Fallen sogar Flüge bei uns in Deutschland aus, wäre Faktor 2 erfüllt. Dass ein umgefallener Sack Reis überhaupt solche Auswirkungen hat, erfüllt per se Faktor 3. Wenn die USA dann China vorwerfen, nicht genug für die Standsicherheit des Sackes – und damit für die Stabilität des Flugverkehrs – getan zu haben, dürfte Faktor 4 erfüllt sein. Und so weiter. Je mehr Nachrichtenfaktoren erfüllt sind, umso höher ist der Nachrichtenwert der Information. Man spricht auch von der Additivität der Nachrichtenfaktoren.

Nachrichtenfaktoren sind Aufmerksamkeitsfaktoren. Wenn sich in einer gut frequentierten Fußgängerzone zwei Leute streiten, dann richten sich unsere Sinne automatisch auf sie aus. Wir Menschen sind entsprechend programmiert, auf Konflikte zu achten, da sie uns gefährlich werden können. Dass wir uns für Liebe und Sex interessieren, ist genauso Teil unserer genetischen Veranlagung wie das „Kindchenschema", das bei der Betrachtung von Kindern oder „süßen" Tieren aktiv ist: Großer Kopf, kleine Nase, Kulleraugen – schon ist es um uns geschehen. Eisbärbaby Knut tat gut, ob man wollte oder nicht.

Faktor Nr. 10 verdient eine genauere Betrachtung. Er hat das Potenzial, Medienrealität in besonderer Weise zu verzerren. Und das geht so: Wenn ein Kampfhund einen kleinen Jungen tötet, steigt nachfolgend der Nachrichtenwert für Kampfhundattacken aller Art, auch wenn diese in keinem ursächlichen Zusammenhang zum ersten Ereignis stehen (Kap. 2). In der Folge entsteht beim Rezipienten der Eindruck, dass plötzlich überall in Deutschland Menschen von Hunden gebissen werden, weil die Medien eine Zeit lang voll davon sind. Natürlich funktioniert der Faktor „Kontinuität" auch dann, wenn es eine Kausalkette gibt, und ist insofern nicht immer kritisch zu betrachten. Wenn in der Politik beispielsweise schon länger über Steuererhöhungen nachgedacht wird und dann macht ein Minister einen konkreten Vorschlag, dann wird daraus eine Meldung: „In der Debatte um mögliche Steuererhöhungen hat Minister xy vorgeschlagen …"

Relativ neu ist der Nachrichtenfaktor Service/Lebenshilfe. Hier geht es um die sogenannten Nutzwertthemen, Themen also, die für den Leser unmittelbare Tipps enthalten, was er nun tun soll, um sein Leben zu verbessern – etwa weil dann die Gartenrosen bunter blühen oder sich das Geld schneller vermehrt oder das Liebesleben aufregender wird.

2.3   Abgrenzung zu anderen Stilformen

Treten wir kurz ein Stück zur Seite und betrachten die bunte Liste der verschiedenen journalistischen Textgattungen.

Die journalistischen Stilformen

- Nachrichten
  - Längere Nachrichten: Berichte
  - Kürzere Nachrichten: Meldungen
- Features
- Reportagen
- Analysen/Hintergründe
- Meinungsartikel
  - Glossen
  - Rezensionen
  - Kommentare/Leitartikel

Die Nachricht ist sachbezogen und faktenorientiert; der Schreibstil ist referierend. Der Autor bemüht sich um Objektivität, wohl wissend, dass es sich um ein nie ganz erreichbares Ziel handelt.

Die Reportage lässt die Leser miterleben und teilhaben an einem einmaligen Erlebnis. Einem guten Autor gelingt es, beim Rezipienten das Kopfkino einzuschalten.

Dazu bedarf es einer Recherche, die sehr auf Details achtet, die relevant für das zu vermittelnde Gesamtbild sein können. Der Schreibstil ist eher literarisch.

Das Feature schließlich macht Abstraktes anhand konkreter Beispiele anschaulich (pars pro toto: ein Teil steht fürs Ganze); der Schreibstil ist erzählend, eventuell auch erklärend.

Die nachfolgenden Beispiele stammen, gekürzt und zum Teil etwas abgeändert, von Michael Haller (2001, S. 2 ff.) und verdeutlichen den Unterschied eindrücklich.

Beispiel: Text Nr. 1

Das Feature ist eine der beliebtesten und dabei umstrittensten Darstellungsformen unter Deutschlands Journalisten. Einer Studie der Universität Leipzig zufolge erklärte die Mehrheit der knapp 200 befragten Redakteure das Feature für die „lesefreundlichste Form". Doch vier von fünf Journalisten sahen sich außer Stande, diese Darstellungsform näher zu kennzeichnen.◄

Hierbei handelt es sich zweifelsohne um einen nachrichtlichen Text, um eine kurze Meldung. Wie aber sieht es mit dem nachfolgenden Beispiel aus?

Beispiel: Text Nr. 2

Es gibt eine einfache Methode, seinen Ressortchef zum Stottern zu bringen. Man braucht ihn nur zu fragen, was genau ein Feature sei. Die Antwort beginnt dann meist mit einem langgezogenen „Äh". Dass solche Ratlosigkeit weit verbreitet ist, mussten Journalistik-Studierende der Universität Leipzig erfahren, als sie im vergangenen Frühjahr die Redakteure deutscher Zeitungen nach ihrem Gebrauch der Darstellungsformen befragten. Nur jeder fünfte Journalist konnte konkrete Merkmale nennen.◄

Ist das ein Feature? Die Antwort lautet: jein. Es ist eine Art Hybrid, eine Mischung aus Nachricht und Feature-Elementen – und tatsächlich eine der am häufigsten verwendeten Textgattungen im Lokaljournalismus (Kap. 1). Für ein echtes Feature fehlt dem Text oben ein wesentliches Merkmal: das konkrete Beispiel, anhand dessen ein abstrakter Sachverhalt verdeutlicht werden kann. Denn der Ressortchef, den man hier in Verlegenheit bringt, ist nur ein imaginärer. Folglich gibt es auch kein echtes Zitat.

Solche Texte wirken wenig lebendig. Der zusätzliche Rechercheaufwand im Vergleich zur Nachricht, und das kann man jetzt als Vor- oder Nachteil werten, beträgt: null.

Beispiel: Text Nr. 3

„Tja, bunt sollte sie sein und unterhaltsam daherkommen", antwortet der 43-jährige Gerhard R., seit vier Jahren Lokalchef bei einer der größten Regionalzeitungen Deutschlands. Journalistik-Studierende der Universität Leipzig hatten ihn wie auch viele andere Redakteure nach dem Gebrauch verschiedener Darstellungsformen befragt. Sonstige Merkmale des Features? Gerhard R. zuckt die Achseln: „Ich weiß nicht, es kommt halt auf den Text an."

Der Ressortchef war nicht der Einzige, der ratlos blieb. Vier von fünf Journalisten vermochten den Studierenden nicht zu sagen, auf was es beim Schreiben von Features ankommt.◄

Das nun ist ein echtes Feature. Auch dieses kommt übrigens nicht ohne Nachrichtenkern aus. Dieser findet sich zu Beginn des zweiten Absatzes statt im Texteinstieg.

Beispiel: Text Nr. 4

Gerhard Rotburgers rechte Hand schiebt mit zittriger Bewegung die Farbfolie auf die Glasscheibe des Overheadprojektors. Die rechte Augenbraue hebt sich. „Das Feature, meine Damen und Herren." Seine Stimme scheppert leicht, ein vages Lächeln huscht für Augenblicke über den schmalen Mund, die Augen bleiben regungslos.

Ressortleiter Rotburger steht im Konferenzraum der Redaktion im zweiten Stock. Vor ihm sitzen zwölf junge Leute, die derzeit bei seiner Zeitung das Volontariat machen. Einige haben die Arme vor der Brust gefaltet, andere starren ihn abwartend an. Heute ist Volo-Tag, und er soll über die wichtigsten Darstellungsformen dozieren. „Das Feature", hebt der Ressortchef erneut an, dann räuspert er sich. Schon blicken sich drei Volontäre in der hinteren Reihe vielsagend an. „Das Feature sollten Sie mit einer farbigen Szene beginnen."◄

So funktioniert das Kopfkino einer Reportage. Statt zu schreiben, dass Rotburger überfordert ist und nicht erklären kann, was genau ein Feature ist, wird seine Nervosität, seine Unsicherheit anhand von typischer Gestik und Mimik beschrieben. Das ist stark, aber weit weg vom Nachrichtenschreiben, das schnell und auf den Punkt Fakten liefern soll. Features und Reportagen sind gute und wichtige Ergänzungen zu Nachrichten, aber eben kein Ersatz.

Ein schönes Beispiel für den Reportage-Stil liefert auch Kerstin Liesem (2015, S. 80): Aus dem schlichten Satz „Das Treppenhaus des Hauses war alt und heruntergekommen" wird in der Reportage:

> Schon im Treppenhaus beginnt die Zeitreise: Knarrende Holzdielen, blankgescheuertes Treppengeländer und ein modrig-süßlicher Geruch.

2.4   Zeitenfolge

Unerklärlich ist die Liebe vieler Journalisten zum Imperfekt in Überschriften und Leadsätzen. Dabei spricht kein Mensch so. Wenn in der Nachbarschaft plötzlich Frau Müller stirbt und Frau Meier erfährt davon, wie erzählt sie das dann Frau Schulte? Lautet der erste Satz etwa: „Stellen Sie sich vor: Frau Müller starb"? Doch wohl kaum. „Frau Müller ist gestorben", würde es heißen – oder kürzer noch: „Frau Müller ist tot." Der erste Satz steht also im Perfekt oder, wenn möglich, im Präsens. Das Perfekt beschreibt eine abgeschlossene Handlung mit Bezug zur Gegenwart: *Frau Müller ist gestorben, jetzt ist sie tot; die SPD hat die Wahl gewonnen, jetzt kann sie regieren; es hat geschneit, jetzt können die Kinder im Schnee spielen.*

Das Präsens beschreibt etwas, das andauert – oder ein künftiges Ereignis. Die Leadsätze zu den zwei letztgenannten Beispielen oben könnten lauten: *Die SPD führt die neue Regierung an; die Schneeballschlacht-Saison ist eröffnet.*

In Überschriften kann auch verkürzend mit dem Partizip Perfekt gearbeitet werden. Aus „Ein Flugzeug ist abgestürzt" wird dann: „Flugzeug abgestürzt". Und noch einmal: Kein Zeitungsjunge hätte je gerufen: „Extrablatt! Flugzeug stürzte ab!"

Vom zweiten Satz an nutzen wir das Imperfekt. Das tun wir auch deswegen, weil Perfekt-Konstruktionen den entscheidenden Nachteil haben, dass sie zunächst mit Hilfsverben arbeiten und die sinntragenden Partizipien auf Kosten der Verständlichkeit am Ende der Sätze landen. *Die Unionsparteien haben die Bundestagswahlen nur ganz knapp – ja was? – verloren.* Erst mit dem letzten Wort erschließt sich der Sinn des Satzes.

Auch für das Plusquamperfekt haben wir eine gute Verwendung. Es markiert einen Zeitsprung in die Vorvergangenheit, was uns beim Nachrichtenschreiben sehr entgegenkommt. Denn hier bewegen wir uns ja zeitlich zurück von der Neuigkeit im ersten Satz bis hin zur Vorgeschichte eines Ereignisses im weiteren Verlauf der Nachricht. Aber Achtung: Das Plusquamperfekt kennzeichnet die zeitliche Veränderung. Bleibt der Schreiber nach dem Sprung in die Vorvergangenheit auf dieser von ihm gewählten Zeitebene, muss er vom nächsten Satz an wieder aufs Imperfekt zurückweichen. So besteht die Möglichkeit, immer tiefer in die Vergangenheit einzutauchen und jeden Zeitsprung wiederum durch ein Plusquamperfekt zu verdeutlichen.

Beispiel: Gerichtsmeldung

Wegen Mordes hat das Landgericht Limburg gestern einen 25-jährigen Mann aus Wetzlar zu einer lebenslangen Haft verurteilt. (Leadsatz steht im Perfekt)

Das Gericht folgte damit dem Antrag der Staatsanwaltschaft. (Vom zweiten Satz an ist das Imperfekt die normale Erzählzeit)

Der 25-Jährige hatte bereits zum Prozessauftakt vor zwei Wochen zugegeben, seine Freundin getötet zu haben. (Erster Zeitsprung in die Vorvergangenheit, darum Plusquamperfekt: Er hatte zugegeben)

Er habe nicht ertragen, dass die 20-Jährige ihren Hund mehr mochte als ihn, erklärte er den staunenden Prozessbeteiligten. (Verbleib auf der Zeitebene, darum Imperfekt: Er erklärte)

Der Mann hatte seiner Freundin im September vergangenen Jahres einen Hundeknochen mit Gewalt in den Hals gesteckt. (Zweiter Zeitsprung in die Vorvergangenheit, darum Plusquamperfekt: Er hatte gesteckt)

Die junge Frau erstickte qualvoll. (Verbleib auf der Zeitebene, darum Imperfekt: Sie erstickte)◄

2.5   Sprache und Stil

Ein gelungener journalistischer Text muss, ganz unabhängig vom Trägermedium, vor allem verständlich sein. Ein Leser kann etwas, das er nicht sofort verstanden hat, zwar zwei- oder dreimal lesen – er möchte es aber nicht! Nachfolgend seien zum Thema Sprache und Stil ein paar Regeln aufgelistet, freilich ohne Anspruch auf Vollständigkeit. Im Gegenteil: Die Liste ließe sich beliebig erweitern.

Die zwölf wichtigsten Sprachregeln (z. T. nach Schwiesau/Ohler)

1. Sätze sollten logisch miteinander verknüpft werden. Aber, dagegen, dennoch, daher, deswegen etc. sind also nicht an sich unnötige Füllwörter, wenn sie richtig eingesetzt werden.
   Die Bundeskanzlerin hat sich für eine Normalisierung der Beziehungen zu Polen ausgesprochen. Der Bundesaußenminister dagegen sagte, Deutschland dürfe sich nicht alles gefallen lassen.
2. Der Bezug muss eindeutig sein.
   Falsch: Der Außenminister traf mit dem israelischen Regierungschef zusammen, nachdem er (wer?) mit dem ägyptischen Präsidenten gesprochen hatte.
3. Die Satzlängen sollten variieren.
4. Die Informationen sollten portioniert werden. Schuld an der Überfrachtung der Sätze sind oft: Partizipialkonstruktionen und doppelte oder gar dreifache Genitive
   Falsch: Der IWF hat dem von Inflation, hoher Arbeitslosigkeit und horrenden Auslandsschulden geplagten Brasilien einen Milliardenkredit gewährt.
   Falsch: Bei der Explosion eines Kessels der Heizanlage eines Kölner Betriebes des Chemiekonzerns Bayer ist ein Sachschaden in Millionenhöhe entstanden.
5. Verben nicht zerreißen.
   Falsch: In Deutschland nimmt die Neigung der jungen Männer, den Dienst mit der Waffe zu verweigern und stattdessen Zivildienst zu leisten, zu.
   Falsch: FDP-Parteichef Fritz Freiheit hat den Plan der Bundesregierung, die Steuern für Vermögende deutlich zu erhöhen, abgelehnt.
6. Mehr Verben und weniger Substantive einsetzen. Vorsicht bei Funktionsverben, die allein gar nicht existieren könnten, wie „stattfinden", „durchführen". Sie führen zu unnötigen Substantivierungen.
   Falsch: Der Kegel-Club führt eine Reise nach Mallorca durch.
7. Aktiv statt Passiv benutzen.
   Falsch: Der Antrag der SPD, die Ampel-Kreuzung durch einen Kreisverkehr zu ersetzen, wird von der Stadtverwaltung geprüft.
8. Doppelte Verneinungen vermeiden.
   Falsch: Es hat keine Jahresbilanz ohne Fehlbeträge gegeben.

9. Fremd- und Fachwörter meiden oder erklären, wenn zu vermuten ist, dass viele *Rezipienten* (!) diese nicht kennen.
10. Vernünftig mit Anglizismen umgehen; Denglisch vermeiden.
11. Den Blähstil (Behörden-, Juristendeutsch) vermeiden
    Falsch: lärmintensiv, unter Beweis stellen, Schuld zuweisen, wohnhaft, hohes Verkehrsaufkommen, Postwertzeichen, Lichtsignalanlage
12. Euphemismen vermeiden
    Falsch: Verteidigungsfall, Arbeitskräfte freistellen, Briefkastenoptimierung, Kollateralschaden (Unwort des Jahres 1999)

Sehen wir uns einige Regeln genauer an. Ob sich etwas gut oder schlecht lesen lässt, hängt ganz entscheidend davon ab, wie konsequent der Schreiber Substantive durch Verben ersetzt. Substantive wirken statisch, Verben bringen Leben in die Bude. Die nachfolgenden Beispiele von Schwiesau und Ohler sind da aufschlussreich (2016, S. 123).

Beispiele: Substantive durch Verben ersetzten

Schlecht	Das Theater X will die Oper „Carmen" zur Aufführung bringen
Besser	Das Theater X will die Oper „Carmen" aufführen
Schlecht	X gab dazu bisher keine Stellungnahme ab
Besser	X hat sich dazu bisher nicht geäußert
Schlecht	Die Baumaßnahme erfordert einen Kostenaufwand
Besser	Der Bau kostet
Schlecht	Die USA ziehen in Erwägung
Besser	Die USA erwägen
Schlecht	Der Verkehr kam völlig zum Erliegen
Besser	Der Verkehr stand still

◄

Einen ähnlichen Effekt hat ein aktivischer Stil. Wer Ross und Reiter nennt, beantwortet nicht nur eine unverzichtbare W-Frage, sondern stellt auch das Handeln in den Vordergrund. In Beispiel 7 oben müsste es also heißen: „Die Stadtverwaltung prüft den Antrag der SPD". Aber Ausnahmen bestätigen die Regel. Wenn ein Hund einen Briefträger beißt und schwer verletzt, dann darf gerne der Briefträger in den

Mittelpunkt gestellt werden, nicht der Hund. Und da es sich hier wirklich um ein Leiden handelt, ist die Leideform geradezu angezeigt: „Ein Briefträger ist von einem Hund gebissen und schwer verletzt worden."

Ein besonderes Ärgernis stellt Denglisch dar. Solche Mischformen aus Deutsch und Englisch nerven nicht nur ältere Menschen. City, Kids, happy, Performance? Solche Wörter sind, Achtung, mega-out. Was aber ist von der folgenden Reihung zu halten: Job, Party, Interview? Hier haben wir es mit Begriffen zu tun, die im Deutschen ganz selbstverständlich benutzt werden und nicht immer leicht zu ersetzen sind. „Arbeitsplatz" ist ein (für Überschriften oft zu) langes Wort; auf einer „Feier" geht es gediegener zu; und trifft „Befragung" wirklich das, was mit „Interview" gemeint ist? Schließlich sei noch auf das ständig verwendete „Sinn-Machen" hingewiesen. Diese Redewendung stammt eigentlich aus dem Englischen (It makes sense) und ist insofern auch eine – wenn auch gut getarnte – Form von Denglisch. Korrekt wäre, dass etwas „Sinn ergibt" oder „sinnvoll" ist. Macht Sinn, nicht wahr?!

Der korrekte Gebrauch von Begriffen ist leider auch nicht selbstverständlich. Einige Beispiele: Nicht jeder Mensch, der von der Polizei „festgenommen" wurde, ist deshalb schon „verhaftet" – auch wenn das im ARD-Tatort oft heillos durcheinander geht. Ohne richterlichen Haftbefehl gibt es keine Verhaftung. Und was ist eigentlich der Unterschied zwischen „Prozent" und „Prozentpunkten"? Es gibt kaum eine Wahlberichterstattung, in der diese Begriffe durchgehend korrekt gebraucht werden. Dabei ist es immer eine Frage des Bezugspunktes. Wenn eine Partei ihr Wahlergebnis von 10 auf 20 % verbessern konnte, dann hat sie ihren Stimmenanteil um 100 % gesteigert – also verdoppelt – bzw. 10 Prozentpunkte mehr erzielt. Haben Sie dies nun „scheinbar" oder „anscheinend" verstanden? Der Unterschied ist denkbar groß: Wenn Sie es nur scheinbar verstanden haben, haben Sie es tatsächlich nicht verstanden. Schlauer dagegen ist, wer es anscheinend verstanden hat.

Und dann wären da noch die „schweren Verwüstungen" (obwohl man Verwüstungen nicht steigern kann). Nicht steigern kann man auch „einzig" und „optimal". Es heißt nicht „vorprogrammieren", sondern nur „programmieren", da das Präfix „pro" bereits „vor" bedeutet. Es ist in der Regel auch nicht das „letzte Jahr", sondern das „vergangene Jahr"; denn sonst erlebten wir den Weltuntergang. Statt „im September diesen Jahres" schreiben wir bitte korrekt „dieses Jahres". Und wie muss ich mir das vorstellen, wenn „zehn Menschen teilweise schwer verletzt wurden"? Sind dann die Arme vielleicht leicht, die Beine schwer verletzt? Oder wäre es nicht richtig zu schreiben: „Zehn Menschen wurden verletzt, einige von ihnen schwer"?

Es lohnt sich, auf so etwas zu achten und die eigenen Texte nach dem Schreiben noch einmal auf gängige Fehler hin zu überprüfen. Lesen Sie laut, das hilft. Und damit eine gewisse Einheitlichkeit im Schriftbild gewahrt wird, beachten wir noch folgendes:

Weitere Schreibregeln

- Zahlen bis einschließlich zwölf werden ausgeschrieben
- Unbekannte Abkürzungen werden anfangs erläutert
- Personen, über die berichtet wird, werden mit Vor- und Zunamen eingeführt, später reicht der Nachname
- Akademische Titel werden in der Regel weggelassen
- Es heißt Euro und Dollar, nicht EUR und $

2.6 Redewiedergabe

Zitate sind das Salz in der Suppe journalistischer Texte. Allerdings müssen die Zitate auch in gewisser Weise bemerkenswert sein, also etwa für den Sprecher und/oder eine Situation typisch oder außergewöhnlich. Bei längeren Original-texten (das können Reden, aber auch schriftliche Äußerungen sein) sucht der Journalist nach Schlüsselaussagen und zitiert sie. Einfache Tatsachenmitteilungen wie im nachfolgenden Beispiel eignen sich nicht für Zitate.

Beispiel: Polizeimeldung mit unpassendem Zitat

Bei einem Verkehrsunfall in Essen sind gestern drei Menschen verletzt worden. „Einer der Verletzten musste zur Beobachtung im Krankenhaus bleiben", sagte ein Polizeisprecher.◄

Die Urform der Redewiedergabe, von der sich alle anderen Formen ableiten lassen, ist die „Direkte Rede". Sie wirkt besonders authentisch und macht einen Text lebendig, signalisiert aber zugleich auch ein hohes Maß an Distanz des Zitieren-den zum Zitat bzw. zum Zitierten. Über dieses spannende Phänomen wird noch zu sprechen sein (Abschn. 3.3).

Die Direkte Rede hat den Anspruch, ein Zitat wortlautgetreu wiederzugeben. Allerdings gibt es hier einen wichtigen Unterschied zwischen dem wissenschaftlichen und dem journalistischen Zitieren. In der Wissenschaft ist es üblich, mit exakten Transkripten zu arbeiten, die auch die für die Sprechsprache typischen Defizite wie Auslassungen, Füllwörter (ähm, tja, also) oder offensichtliche syntaktische und/oder semantische Fehler nicht korrigieren. Im Journalismus gilt die Regel:

▶   Der zitierende Journalist schreibt, wie der zu zitierende Sprecher schreiben würde.

Anführungszeichen sind bei der Verwendung der Direkten Rede unerlässlich. Ebenso notwendig ist eine Redeeinleitung. Sie kann am Anfang des Zitates stehen, am Ende oder in der Mitte. Im nachfolgenden Beispiel steht sie am Anfang.

Beispiel: Redeeinleitung am Anfang

Klaus sagte: „Das schmeckt prima."◄

Der Vorteil einer Redeeinleitung am Anfang des Textes ist, dass dem Leser sofort klar wird, wer hier zitiert wird, da dies für die Einordnung des Zitates und damit für die Verständlichkeit des gesamten Textes entscheidend ist.

Denkbar ist auch eine Redeeinleitung in Fernstellung. Dann ist der Zitierte schon in einem Satz davor erwähnt worden und die nachfolgende Zitierung bezieht sich noch darauf.

Beispiel: Redeeinleitung in Fernstellung

Klaus sagte, das Schnitzel schmecke ihm prima. „Ich hätte gerne noch einen Nachschlag."◄

Bei den redeeinleitenden Verben gibt es jede Menge Ersatzformen für das Wort „sagen", doch fast alle sind schlechter. Denn oftmals enthalten sie unzutreffende Nebenaussagen, und der Journalist benutzt sie eigentlich nur, um das Wort „sagen" nicht ständig wiederholen zu müssen. Dann heißt es „meinte", obwohl wir vielfach gar nicht wissen, was ein Zitierter wirklich meint – denn nicht jeder sagt, was er meint, und meint, was er sagt.

Auch das Wörtchen „betonte" wird als Synonym für „sagte" verwendet, obwohl dessen Verwendung voraussetzt, dass dem Zitierten das entsprechende Zitat wirklich besonders wichtig war und er es deshalb vernehmbar besonders herausgestellt hat. In solchen Fällen sollte man die Wortwiederholung lieber hinnehmen oder auf eine andere Redewiedergabeform ausweichen – zum Beispiel auf die „Berichtete Rede" oder die „Tatsachenaussage mit Quellenangabe", die beide ohne redeeinleitende Verben auskommen.

Die vier wichtigsten Formen der Redewiedergabe

- Direkte Rede
  - Wortlauttreue signalisiert
  - Beispiel: „Das schmeckt prima", sagte er.
- Indirekte Rede
  - Der Sache nach richtig zitieren, größere Zitierfreiheit
  - Konjunktiv vom Duden empfohlen
  - Beispiel: Das schmecke prima, sagte er.
- Berichtete Rede
  - Keine Redeeinleitung (Fernstellung!)
  - Konjunktiv obligatorisch
  - Beispiel: (Das schmecke prima, sagte er.) Er wolle noch ein Schnitzel.
- Tatsachenaussage mit Quellenangabe
  - Nach Angaben von/Laut/Wie xy mitteilte/xy zufolge
  - Indikativ obligatorisch
  - Beispiel: Peter zufolge schmeckt das prima.

Gerade die Berichtete Rede als Sonderfall der Indirekten Rede gehört zu den elegantesten Möglichkeiten, über weite Strecken auf Redeeinleitungen zu verzichten, wenn diese einmal erfolgt sind und die Kette der Zitierungen nicht unterbrochen wird. Dabei können die Formen sogar variieren. Das Beispiel oben könnte so fortgeführt werden:

Beispiel: Berichtete Rede in der Zitierungs-Kette

Klaus sagte, es schmecke ihm prima. (Indirekte Rede)

Er wolle noch ein Schnitzel. (Berichtete Rede)
Dann werde er einen Nachtisch bestellen. (Berichtete Rede)
Dann lasse er sich die Pralinen zum Kaffee schmecken. (Berichtete Rede)
„Und wenn ich richtig satt bin, gehe ich ins Bett." (Direkte Rede)◄

Zu beachten ist allein, dass der Konjunktiv in der Berichteten Rede zwingend vorgeschrieben ist, denn er ist das einzige verbliebene Zitiersignal.

Überhaupt der Konjunktiv! Viele Redakteure tun sich äußerst schwer damit, den richtigen Konjunktiv zu verwenden. Führen wir uns darum also noch einmal vor Augen, welche Konjunktive es gibt und welche Funktionen sie haben – und zwar mithilfe eines uralten Liedtextes der Comedian Harmonists:

Ich wollt, ich wär ein Huhn

Ich hätt nicht viel zu tun

Ich legte vormittags ein Ei

Und abends wär ich frei

Diesen Text kennt wohl jeder. Zur Verwendung kommt hier der Konjunktiv II in seiner Funktion als Irrealis, denn eines ist ja klar: „Ich wollt, ich wär ein Huhn" bedeutet, dass ich leider keins bin. Übersetzen wir den Text einmal aus Jux und Tollerei in die Welt des Realen und verwenden Indikative:

Ich bin ein Huhn

Ich habe nicht viel zu tun

Ich lege vormittags ein Ei

Und abends bin ich frei

Nun fehlt noch etwas. Richtig: der Konjunktiv I. Ihn nutzen wir im Regelfall, um Rede wiederzugeben. Die Übersetzung lautet dann:

Sie sagt, sie sei ein Huhn

Sie habe nicht viel zu tun

Sie lege vormittags ein Ei

Und abends sei sie frei

Deutsche Sprache, schwere Sprache. Wir stoßen hier auf einen für unsere Grammatik typischen Formenzusammenfall: Aus dem Indikativ *habe* wird der Konjunktiv I *habe*, und aus dem Indikativ *lege* wird der Konjunktiv I *lege*. Hier lohnt ein genauerer Blick.

Der richtige Konjunktiv
Beispiel 1:
„Der Konjunktiv gefällt uns nicht", sagten die Volontäre.
Die Indirekte Rede dazu lautet:
Der Konjunktiv gefalle ihnen nicht, sagten die Volontäre.
   Merke: Der Duden empfiehlt den Konjunktiv. Aus „gefällt" wird „gefalle".

Beispiel 2:
„Konjunktive kommen bei uns nicht gut an", sagten die Volontäre.
Indirekte Rede:
Konjunktive kämen bei ihnen nicht gut an, sagten die Volontäre.
Merke: Wenn der Konjunktiv I mit dem Indikativ zusammenfällt (aus „kommen" wird „kommen"), kann man auf den Konjunktiv II als Ersatzform ausweichen. Er ist dann kein Irrealis mehr (aus „kommen" wird „kämen").

Beispiel 3:
Die Volontäre sagten: „Wir nutzen den Konjunktiv ungern."
Indirekte Rede:
Die Volontäre sagten, sie nutzten den Konjunktiv ungern.
Oder: *Die Volontäre sagten, sie würden den Konjunktiv ungern nutzen.*
Merke: Fällt der Konjunktiv II („nutzten") mit dem Indikativ Imperfekt („nutzten") zusammen, darf man auf die würde-Form ausweichen.

Es ist also ein dreistufiger Prozess. Wenn sich Konjunktiv I und Indikativ unterscheiden, ist alles gut. Man verwendet dann ganz normal den Konjunktiv I, nicht den Konjunktiv II, denn dieser wäre dann ein Irrealis („Der Konjunktiv gefiele ihnen nicht, sagten die Volontäre" bedeutet: Sie sagen die Unwahrheit, denn eigentlich finden sie Konjunktive ziemlich gut). Erst bei einem Zusammenfall von Indikativ und Konjunktiv I kann man auf den Konjunktiv II als Ersatzform ausweichen.

Sollte der Konjunktiv II wiederum dem Indikativ Imperfekt gleichen, dann – und nur dann! – ist die würde-Form erlaubt, um ein Missverständnis zu vermeiden: „Die Volontäre sagten, sie nutzten den Konjunktiv ungern" könnte ja auch bedeuten, dass das eine Aussage über die Vergangenheit ist und dass die Volontäre den Konjunktiv inzwischen sehr wohl gerne nutzen.

Alle Klarheiten beseitigt? Hätten (Konj. II, Irrealis) wir alle in der Schule gut aufgepasst, täten wir uns jetzt nicht so schwer. Hätte, hätte, Fahrradkette.

2.7   Online-Titel, -Teaser, -Texteinstiege

Mit der Überschrift und dem Leadsatz steht und fällt jeder journalistische Text. Wer den ersten Eindruck vermasselt, bekommt keine Chance mehr, weitere Eindrücke zu hinterlassen: Der Leser blättert um oder, wenn er digital unterwegs ist, scrollt bzw. klickt weiter. Es lohnt sich daher, sich besonders viel Mühe mit jenen Elementen zu geben, die zur ersten Leseebene gehören. Dazu zählen in Print- wie in Onlinetexten die Überschrift, der Vorspann bzw. Teaser, Zwischenzeilen und Bildunterschriften.

Doch sich stets zu bemühen, reicht nicht, wie jeder kundige Leser von Arbeitszeugnissen weiß. Es nutzt nichts, seine Energie in allzu blumige, feuilletonistische Überschriften zu stecken, am besten noch garniert mit feinen Wortspielen aller Art. Als vor mehr als anderthalb Jahrzehnten der Schweizer Carlo Imboden mit seinem „Readerscan"[1] um die Ecke kam, endete die schriftstellerische Selbstbefriedigung all der selbstverliebten Schlagzeilen-Akrobaten in den Redaktionen jäh. Setzen, sechs!

Plötzlich wurde nämlich klar: Der Leser liebt die nüchterne, eindeutige Überschrift, um schnell abzuschätzen, ob der Text individuell lesenswert ist oder nicht – und sein Hass steigt exponentiell mit der vermeintlichen Originalität einer

---

[1] Es geht um ein 2004 entwickeltes Verfahren, das es erlaubt, das Leseverhalten bei Printmedien zu erfassen. Mit Hilfe eines elektronischen Stiftes markieren ausgewählte Leser, welchen Artikel sie in einer Zeitung oder Zeitschrift wie lesen. So lassen sich, analog zu den Einschaltquoten beim Fernsehen, Lesequoten ermitteln. Die Ergebnisse dieses aufwendigen und daher auch recht kostspieligen Verfahrens haben mit vielen Mythen aufgeräumt. So zeigte sich, dass die Bedeutung des Sportteils für die Leser von den Redaktionen eher überschätzt worden war.

Schlagzeile, die nichts, aber auch gar nichts Sachliches über den Inhalt des Textes verrät und somit nur Konfusion auslöst. Seitdem heißt die Losung auch für Überschriften: bitte möglichst nachrichtlich!

Beim Schreiben fürs Web, und ganz besonders für seine mobilen Formen, gilt das aus zwei Gründen umso mehr. Erstens schaut der User von Online-Texten zuerst auf die Überschrift, während beim Print-Leser das Foto noch etwas wichtiger ist. Es lohnt sich daher, in A/B-Testings abzuprüfen, welche Überschrift beim User am besten funktioniert, das heißt: höhere Reichweiten erzeugt. Zweitens belohnen Suchmaschinen wie Google sachliche Überschriften und bestrafen jede Form von Unverständlichkeit. Wenn der Nutzer nach einem Bombenfund in Essen-Rüttenscheid mutmaßlich vor allem „Bombe" und/oder „Rüttenscheid" in die Google-Suchmaske eingibt, dann sollten diese Schlüsselbegriffe auch in der Schlagzeile stehen, damit Google den Text finden und prominent anzeigen kann.

Das Zauberwort lautet „SEO". Suchmaschinenoptimierung (englisch: search engine optimization) umfasst alle Maßnahmen, die die Sichtbarkeit von Inhalten bei der sogenannten organischen Suche verbessert. Wer am besten mit dem Algorithmus tanzt, gewinnt. Zu unterscheiden ist von der organischen Suche Google Discover. Dieses Feature war auf Android-Geräten regelmäßig vorinstalliert und zeigte den Usern News-Artikel an. Inzwischen steht es allen Google-Usern zur Verfügung als ein stark personalisierter Feed, der sich an den von Google genau überwachten Interessen der Nutzer ausrichtet. Das ist ebenso gruselig (Stichwörter: Datenkrake, Filterblase) wie funktional und spielt eine erhebliche Rolle für den Erfolg digital ausgespielter Texte.

Jeder zweite User kommt über Google auf die Artikel und nicht, wie es sich viele Redakteure noch immer vorstellen und wünschen, über den Direkteinstieg auf der Website. Für die erfolgreiche Verkaufe von Online-Artikeln spielen zudem die sozialen Netzwerke wie Facebook eine wichtige Rolle. Das „Verkaufen" ist dabei in modernen Redaktionen vor allem die Aufgabe der Artikel-Autoren selbst und nicht von irgendwelchen „Digitalos", denen man seine Texte nach Fertigstellung vor die Füße wirft. Aus dem Zweiklang aus Recherchieren und Schreiben ist im Online-Journalismus längst ein Dreiklang geworden.

Noch zwei praktische Tipps zu den Überschriften. Google erfasst Überschriften nur bis zum 60. Zeichen. Alles, was danach kommt, ist irrelevant. Und: Ein sehr hilfreiches Tool zur Ermittlung des unter SEO-Gesichtspunkten besten Keywords ist Google Trends. Dabei handelt es sich um einen kostenlosen Google-Dienst, der ermittelt, welche Suchbegriffe von Google-Nutzern am häufigsten eingegeben wurden. Beispiel: Wenn Sie einen Service-Artikel über eine neue Diät verfasst haben, dann sollten Sie als Keyword lieber „Abnehmen" statt „Diät" verwenden, denn Google Trends zufolge ist der Begriff „Abnehmen" bei Google-Nutzern zweieinhalb mal beliebter als der Begriff „Diät", wie ein sehr einfach zu machender Vergleich ergibt.

Was nun macht einen guten Teaser aus? Zunächst einmal: Der Online-Teaser ist nur bedingt vergleichbar mit den (ebenfalls in die Jahre gekommenen) fetten Vorspännen in einem Print-Artikel. „To tease" bedeutet so viel wie „necken" oder „reizen". Im Deutschen könnte man vielleicht „Anreißtext" dazu sagen oder sogar „Anreiztext". Die Teaser sind meist auf den Startseiten unter den Überschriften zu finden und haben die Funktion, den User kurz und knapp über den Inhalt des damit verbundenen Artikels zu informieren und dazu zu bringen, diesen mit einem Klick aufzurufen.

Der wichtigste Unterschied zum Vorspann: Ein Vorspann (wie auch die Unter- und/oder Dachzeile zu einer Überschrift) richtet sich an einen Leser, der den ganzen Artikel bereits vor sich hat, den man nicht mehr zum Klicken oder – bei entsprechender Bezahlschranke – sogar zum Kaufen animieren muss. Der Teaser dagegen ist Teil der oben schon angesprochenen „Verkaufe". Auch der Teaser muss den Nachrichtenkern zumindest berühren, das Thema weiter eingrenzen, allerdings ohne schon alle wichtigen Details oder gar die Quintessenz zu verraten. So soll beim User ein Handlungsdruck entstehen, weil er jetzt unbedingt mehr wissen will.

Das Mittel der Wahl dazu sind Cliffhanger. Diese kennen wir zum Beispiel aus der „Lindenstraße". Am Ende jeder Folge dieser Megamaxiserie deutete sich eine dramatische Entwicklung an, deren Auflösung erst in der nächsten Folge erfolgen sollte mit dem Ziel, die Einschaltquoten dauerhaft hochzuhalten: Wird Mutter Beimer den schweren Unfall in ihrer Küche überleben? Keine Ahnung. Aber wenn Sie jetzt weiterlesen – und nur dann –, erfahren Sie, wie das mit den Cliffhangern genau funktioniert und in welche Fallen man dabei tappen kann.[2]

Wir greifen dazu das Beispiel aus dem ersten Unterkapitel auf, versehen mit einer SEO-optimierten Schlagzeile und einem Teaser, hier fett gedruckt:

Beispiel 1: Überverkaufender Teaser

Grüne: Ganztag in Düsseldorfer Hauptschulen wackelt.

---

[2] Sie haben es gemerkt: Auch dieser Satz ist ein Cliffhanger.

Das Konzept der Ganztagshauptschulen ist offenbar in Gefahr. Die Grünen zeigen sich schockiert über die Zustände in der Verwaltung.
Die Sanierung der Schulen ist nach Ansicht der Grünen im Rat der Stadt „erheblich im Zeitverzug". Wie Ratsherr Wolfgang Scheffler mitteilte, hatte das seine Fraktion wiederholt im Bau- und Schulausschuss moniert. Die Grünen schlagen vor, das Management der Schulsanierung an eine externe Firma zu übergeben.

An den vier Düsseldorfer Ganztagshauptschulen gibt es schon länger einen erheblichen Bau-Stau. Die Schüler verfügen dort etwa noch immer über keine eigenen Mensen und müssen daher mittags auswärts essen gehen. Offensichtlich sei das Amt für Immobilienmanagement überfordert, fügte Scheffler hinzu.◄

Beispiel 1 bewegt sich nahe am Clickbaiting, denn der Teaser verspricht mehr, als der Artikel dann halten kann. Das Wort „schockiert" erzeugt zwar einen starken Leseanreiz, schießt aber übers Ziel hinaus und ist durch die weiteren Fakten nicht gedeckt. Solche überverkaufenden Teaser frustrieren und ärgern die Leser und beschädigen, da dies kein seriöses Vorgehen ist, im Ergebnis die publizierende Marke. Freilich kann ein Teaser auch unterverkaufen, wie das nachfolgende Beispiel zeigt:

Beispiel 2: Unterverkaufender Teaser

Die Grünen wollen das Konzept der Ganztagshauptschulen retten, indem das Management der Schulsanierung an eine externe Firme übergeben wird.◄

Dieser Teaser verrät alle wichtigen Informationen zu dem Thema, sodass es nur noch einen schwachen Reiz gibt, nun die komplette Meldung dazu zu lesen. Die dritte Variante könnte erfolgsversprechender sein:

Beispiel 3: Funktionierender Teaser

Das Konzept der Ganztagshauptschulen wackelt. Die Grünen kritisieren das Amt für Immobilienmanagement – und machen einen Vorschlag.◄

Titel, Teaser, Texteinstiege – und ihre Bedeutung für das digitale Nachrichtengeschäft: Darüber klären nachfolgend zwei Praxis-Profis der Funke Mediengruppe in einem Wortlautinterview auf. Es handelt sich um Christopher Kremer, Conversion

Redakteur der Funke Mediengruppe NRW, und Annika Rinsche, Head of Digital und Mitglied der Chefredaktion bei der Westfalenpost.

Alexander Marinos: Nachrichten waren bei Zeitungsredakteuren lange „megaout", weil sie glaubten, sie müssten ihren Lesern als „langsames, ausgeruhtes" Medium eher Analysen und Hintergründe präsentieren. Würden Sie sagen, dass die Nachricht als Textform durch die digitale Transformation einen neuen Stellenwert bekommen hat?

Kremer, Christopher: Durch die digitale Transformation ist alles schnelllebiger geworden – das betrifft natürlich auch unsere Arbeit. Die Userinnen und User können sich jederzeit und überall informieren – und das gerne so schnell und umfassend wie möglich. Vor allem in dynamischen Situationen hilft uns eine schnelle Nachricht, genau diese Bedürfnisse zu befriedigen. Nichtsdestotrotz bleiben Analysen und Hintergründe weiter wichtig. Diese Textarten ordnen ein, bewerten oder kritisieren und heben sich damit ab von der Arbeit der Pressestellen.

Rinsche, Annika: Eine starke Nachricht ist Gesprächsstoff. Die Leserinnen und Leser wollen informiert sein, immer auf dem aktuellen Stand. Sie wollen wissen, was gerade in ihrer Stadt, ihrer Region, der Welt passiert. Wir erzielen daher digital hohe Reichweiten mit Nachrichten. Die digitale Transformation hat das Nachrichtengeschäft enorm beschleunigt. Innerhalb weniger Minuten können andere Medien den Kern der Nachricht aufgreifen und über ihre Kanäle verbreiten. Selbst exklusive Neuigkeiten hinter einer Bezahlschranke sind so beim Mitbewerber zuweilen schnell frei zugänglich.

Marinos: Helfen die guten alten Nachrichtenregeln wie die, dass das Wichtigste zuerst kommt, beim optimierten Schreiben für Suchmaschinen?

Rinsche: Definitiv. Für die Google-Optimierung identifizieren wir die wichtigsten Keywords eines Themas („Küchenzuruf") und platzieren sie prominent in der Überschrift, im Teaser und im Fließtext. Die Suchmaschine honoriert auch eine Zusammenfassung der Nachricht in Stichpunkten am Anfang des Fließtextes. Zum Hintergrund: Google möchte vor allem ein positives Nutzungserlebnis schaffen. Wer Informationen zu einem Thema sucht, soll sofort den besten Text finden – und sich nicht erst durch zehn Artikel wühlen müssen. Aber woher weiß Google, welcher der relevanteste und nützlichste Text ist? Die Suchmaschine scannt dazu die Artikel nach verschiedenen Faktoren: zum Beispiel Aktualität, sinnvolle Verlinkungen und eine gute Struktur. Vor allem überprüfen die Algorithmen aber, wie häufig und prominent die Keywords im Text verwendet werden.

Kremer: An den klassischen Nachrichtenregeln hat sich aus meiner Sicht nicht viel verändert. Natürlich versuchen wir durch gewisse Hebel unsere Inhalte bestmöglich bei Google – also unserem größten Zugriffskanal – zu platzieren. Hierbei ist das Keyword das A und O. Und das jeweils passende Keyword für die Geschichte ergibt sich häufig aus dem guten alten Küchenzuruf. So sollten bei einem Unfall auf der A40 vor allem die Wörter „Unfall" und „A40" in der Überschrift und der Meldung vorkommen. Allerdings bleibt auch hierbei wichtig: Wir orientieren uns an den SEO-Standards, schreiben aber weiter für Menschen.

Marinos: Wirklich? Das ist ja ein häufig gehörter Vorwurf an den Online-Journalismus, sich dem Diktat der Algorithmen von krakenartigen Digitalkonzernen zu unterwerfen ...

Kremer: Auf jeden Fall setzen diese Konzerne neue Maßstäbe in Zeiten des Online-Journalismus. Allerdings sind es ja vor allem die User und Userinnen, durch die diese Plattformen binnen weniger Jahre rasant gewachsen sind. Google, Facebook und Co. befriedigen ein Bedürfnis, von dem viele vorher gar nicht wussten, dass sie es haben. Als Publisher können wir es uns nicht erlauben, diese Entwicklung zu ignorieren. Das heißt natürlich nicht, jegliches Handeln der genannten Konzerne kritiklos hinzunehmen.

Rinsche: Wir schreiben für unsere Leserinnen und Leser. Dazu gehört heute auch die Analyse, über welche Kanäle die Menschen zu uns kommen. Mehr als 50 Prozent unserer Nutzerinnen und Nutzer steigen über Google ein, ein großer Teil kommt über die sozialen Netzwerke. Wie man Inhalte auf diesen Kanälen ansprechend präsentiert, gehört mittlerweile zum journalistischen Handwerkszeug. Klar definiert sein muss aber der eigene Anspruch an das Gesamtprodukt: Welche Nachrichten relevant sind, entscheidet die Redaktion, kein Algorithmus bei Google oder Facebook.

Marinos: Arbeiten wir uns von oben nach unten durch: die Überschrift. Was muss der Online-Nachrichtenschreiber hier noch beachten? Nicht immer liegen die „Keywords" ja so auf der Hand wie beim Unfall auf der A40 ...

Rinsche: Die wichtigste Frage: Warum sollte jemand den Text überhaupt lesen? Was ist die Geschichte? Die Aufmerksamkeitsspanne im Netz ist gering: Online-Portale, Facebook-Feeds oder Google-Ergebnisse werden von den Nutzerinnen und Nutzern innerhalb weniger Sekunden gescannt. Da muss die Verkaufe sitzen. Der Journalist sollte also im ersten Schritt klären, was Ziel des Textes sein soll: Information, Nutzwert, Unterhaltung? Die Herausforderung ist nun, knapp und klar zu formulieren, was die Leserinnen und Leser im Text erwartet. Funktioniert der „Küchenzuruf"? Ich kann nur empfehlen, das innerhalb der Redaktion zu testen, vielleicht sogar mit fachfremden Menschen im eigenen Umfeld.

Kremer: Zu den Keywords: Da reden wir vor allem über die organische Google-Suche. Andere Algorithmen – wie zum Beispiel Google Discover – folgen wieder einer anderen Logik. Wichtig ist zu wissen: Im digitalen Geschäft haben wir nur ganz wenige Zeichen, den User und die Userin von unserem Text zu überzeugen. Bedeutet gerade auch für die Überschrift: Sie muss einmal einordnen: Was ist das Thema, „wo" befinden wir uns – hier finden sich dann auch die Keywords. Und sie muss auf der anderen Seite Neugierde wecken: Was ist die Neuigkeit und die Besonderheit? Das ist nicht immer einfach, weil – zum Beispiel in der Google-Suche – auch manchmal nur die Überschrift mit Bild ausgespielt wird, ohne Teaser. Auch hilfreiche Elemente wie die Ortsmarke werden dort in der Regel nicht angezeigt.

Marinos: *Mit anderen Worten: Eine Ortsangabe (eine Stadt, eine Sehenswürdigkeit o. ä.) sollte immer auch zu den Keywords gehören?*

Kremer: Auf jeden Fall. Vor allem im Lokaljournalismus ist die Stadt ein wichtiges, wenn nicht sogar das wichtigste, Keyword. Zudem sieht der User und die Userin auf den ersten Blick, dass die Nachricht in der „eigenen" Stadt spielt. Ähnlich verhält es sich mit Nachrichten, die sich auf „NRW" oder Kreise beziehen.

Marinos: *Kommen wir zu den Teasern. Warum ist es keine gute Idee, wenn man einen Teaser einfach wie einen Print-Vorspann schreibt – oder wie die Unterzeile zu einer Überschrift?*

Rinsche: Der gravierendste Unterschied ist wohl, dass der Teaser entscheidend für den Erfolg des Textes ist. Eine Unterzeile informiert jemanden, der das Produkt schon gekauft und nun den kompletten Artikel vor Augen hat. Der Teaser hingegen muss die Nutzerinnen und Nutzer in den Text ziehen, indem er neugierig macht und ein Bedürfnis weckt, ohne aber schon alles zu verraten. Steht der Artikel hinter der Paywall, kann ein guter Cliffhanger verkaufsentscheidend sein.

Marinos: *… bei dem man es aber auch nicht übertreiben darf, um seriös zu bleiben …*

Rinsche: Genau, zu plumpes Clickbaiting im Stil von „Du wirst nicht glauben …" wirkt schnell unseriös. Ich denke, da sind die Nutzerinnen und Nutzer in den vergangenen Jahren noch sensibler geworden durch Portale, oft aus dem Boulevard-Bereich, die Clickbaiting inflationär eingesetzt haben.

Kremer: In einem Print-Vorspann platzieren wir die wichtigsten Informationen, fassen also die Nachricht und den anschließenden Text zusammen. Verfassen wir den Teaser in ähnlicher Art, verraten wir alle Informationen, ohne dass der Nutzer oder die Nutzerin überhaupt noch klicken muss. Der Teaser bietet uns die Möglichkeit, einen Klickanreiz zu setzen. Denn wir reden ja nicht nur über Klicks, sondern wir reden auch über Plus-Abos, die wir durch spannende Inhalte generieren wollen. Der Print-Leser hat das Produkt Zeitung schon gekauft, wenn er den Vorspann liest. Jeder Online-Text ist in diesem Sinne ein eigenes Produkt, das sich eigenständig vermarkten muss.

Marinos: Also sollte jeder Teaser eine Art Cliffhänger haben?

Kremer: Im Optimalfall ja. Allerdings ist auch Cliffhanger nicht gleich Cliffhanger – wir bewegen uns hier im Bereich des Storytellings. Der Cliffhanger kann auch nur so gut sein wie die Geschichte selbst. Bei dem bewussten Zurückhalten einer oder mehrerer Informationen ist es wichtig, nicht zu „flach" zu werden. Clickbaiting – also flacher Teaser in Kombination mit einer reißerischen Überschrift – ist vor allem für Portale mit einer Bezahlschranke eigentlich keine Option. So sollte ein Teaser zwar durch eine Wissenslücke neugierig machen, aber nach dem Klick nicht für eine Enttäuschung des Nutzers sorgen. Gute Teaser sind ein elementarer Teil unserer täglichen Arbeit – und wollen gelernt sein.

Der professionelle Regelbruch

3

Nachrichtenschreiben ist regelgeleitetes Schreiben. Es scheint, als habe keine andere journalistische Textgattung ein derart enges Korsett. Wenn es um das Schreiben von Nachrichten geht, muss sich der Autor verhältnismäßig stark zurücknehmen. Poesie und Prosa sind so wenig gefragt wie die Darlegung ganz und gar subjektiver Betrachtungen.

Andererseits ist die Bandbreite der Möglichkeiten und damit Entscheidungsfreiheiten eines Produzenten von Nachrichten nicht gering. Welches Ereignis hat es überhaupt verdient, eine Nachricht zu werden? Damit geht es los. Wann, wie und wo platziere ich eine Nachricht? In welcher Größe und sonstigen Aufmachung geschieht das? In der klassischen Nachrichtenredaktion waren es die Blattmacher oder Nachrichtenführer, die in Abstimmung mit ihrer Chefredaktion solche gravierenden Entscheidungen getroffen haben. Heute sind es eher die Deskchefs und Content-Manager, die – zunächst losgelöst von den Distributionskanälen – Inhalte sichten und gewichten und in Auftrag geben.

Aber auch der Nachrichtenverfasser im engeren Sinne ist nicht Gefangener des oben beschriebenen Regelwerkes. Was in seiner umgekehrten Pyramide wo steht, wie er in den Text einsteigt und aussteigt, was er reinpackt und weglässt – das entscheidet er aufgrund seiner journalistischen Profession und in eigener Verantwortung. Regeln wollen interpretiert, Leerstellen in den Regelwerken gefüllt werden.

Ein zur Hälfte gefülltes Glas kann auch in einem Nachrichtentext als halb voll oder halb leer beschrieben werden, selbst dann, wenn das implizit einen Sachverhalt auf- bzw. abwertet. Die Aussage bekommt eine Art „Spin" positiver oder negativer Art, und der kann beabsichtigt sein oder auch nicht – was für die Wirkung auf den

A. Marinos, *Journalistische Praxis: Modernes Nachrichtenschreiben*, essentials, https://doi.org/10.1007/978-3-658-36274-4_3

Leser ziemlich unerheblich ist, da er die Intention des Autors in aller Regel nicht erkennen kann.

Wir sind nicht in der Mathematik. Und selbst dort ist 1 + 1 nicht nur gleich 2, sondern auch gleich 6-4 – was irgendwie bedeutender aussieht als die schnöde 2, oder?! Genießen Sie als Nachrichtenschreiber diese Freiheiten! Professionell handelt, wer die Regeln lernt und beherrscht und sich der darin enthaltenen Freiheiten zugleich bewusst ist und diese verantwortungsvoll nutzt. Nachrichtenschreiben ist darum auch nichts für seelenlose Schreibroboter. Nachrichtenschreiben ist eine Kunst, also eine „Tätigkeit von Menschen, die auf Wissen, Übung, Wahrnehmung, Vorstellung und Intuition gegründet ist", wie es Wikipedia definiert.

Wir wollen in diesem kleinen Büchlein aber noch weiter gehen. Wenn wir uns darauf einigen können, dass Regeln nicht uns beherrschen sollen, sondern wir sie, dann darf 1 + 1 ausnahmsweise auch gleich 3 sein. Bauen Sie eine Nachricht bewusst einmal anders auf! Lassen Sie Ihre Perspektive auf einen Sachverhalt stärker zur Geltung kommen! Experimentieren Sie mit dem Nachrichtenaufbau und der Nachrichtensprache!

Brechen Sie die Regel. Aber tun Sie es nicht, weil Sie die Regel nicht beherrschen oder ignorieren oder gar verachten und verhöhnen. Seien Sie nicht ein Nachrichten-Anarchist, weil sich anarchisches Verhaltens so geil anfühlt. Das wäre armselig. Ein professioneller Regelbruch erfolgt auf der Grundlage, die Regel sicher zu beherrschen und ihren Sinn verstanden zu haben, um die dahinter liegenden Ziele auf andere Weise zu erreichen und so einen Beitrag zur Evolution des Nachrichtenschreibens zu leisten. Denn das Nachrichtenschreiben verändert sich und passt sich an, in der digitalen Transformation mehr denn je. Gestalten Sie diesen Prozess aktiv mit!

3.1   Mehr Intersubjektivität wagen

Wenn der Nachrichtenschreiber das tun will, was er eigentlich nicht tun darf, nämlich in einem nachrichtlichen Text kommentierende Elemente einzubauen, dann sucht er sich einen Zitatgeber, der statt seiner kommentiert. Denn wer nur zitiert, der referiert. Was aber tun, wenn es den passenden Zitatgeber nicht gibt? Dann kommen die berühmten „Beobachter" ins Spiel:

Beispiel 1: Beobachter auf dem CSU-Parteitag

CSU-Chef Markus Söder ist auf dem Parteitag der CSU in München mit 89 Prozent in seinem Amt als Parteivorsitzender bestätigt worden. Politische Beobachter zeigten sich erstaunt über das aus ihrer Sicht enttäuschende Ergebnis für Söder.◄

Wer genau ist hier mit „Beobachter" gemeint? Die CSU-Delegierten wohl nicht, denn sie sind nicht nur passive Beobachter, sondern Akteure. Die anwesenden Journalisten? Das passt schon eher. Womöglich hat sich unser Berichterstatter mit seinen Kollegen entsprechend ausgetauscht. Vielleicht ist aber nicht einmal das erfolgt. Tatsächlich ist es nicht unwahrscheinlich, dass der Nachrichtenschreiber selbst erstaunt ist über das aus seiner Sicht enttäuschende Wahlergebnis Söders, sich hier selbst zitiert und somit scheinbar auf Distanz zu seiner eigenen Bewertung des Sachverhaltes geht.

Gelogen wäre das nicht – oder höchstens ein klitzekleines Bisschen. Denn unser Berichterstatter ist ja selbst auch ein Beobachter, der, das unterstellen wir jetzt mal, mit politischem Sachverstand ausgestattet, durchaus fundierte Bewertungen vornehmen kann. Problematisch bleibt, dass im Beispiel behauptet wird, dass es mindestens zwei politische Beobachter geben muss, die sich erstaunt zeigten. Andererseits dürfte die Erfahrung lehren, dass andere Beobachter mit ähnlichem Sachverstand, die sich auf einem solchen Parteitag leicht finden ließen, durchaus zu ähnlichen Einschätzungen kommen würden. Muss man diese Umfrage nun zwingend machen, um aus einem Beobachter real mindestens zwei zu machen, obwohl man das Ergebnis dieser Umfrage bereits kennt?

Natürlich! Wir sind doch keine Märchenschreiber! Ich höre förmlich, wie es jetzt aus Ihnen herausbricht. Und ich habe viel Sympathie dafür. Wahrhaftig zu berichten ist die erste Journalistenpflicht. Das ist die ethische und rechtliche Grundlage jeglichen journalistischen Handelns. Ohne sie verlieren wir Legitimität und Glaubwürdigkeit. Da darf es keine Kompromisse geben. Oder?!

Entscheiden Sie selbst. Sie sind doch (mutmaßlich) ein erwachsener Mensch. Ich möchte hier keine Moralpredigten halten. Ich möchte nur darauf hinweisen, welche Freiräume es gibt und dass diese in der Praxis durchaus genutzt werden, auch dann, wenn sie tatsächlich oder vermeintlich verboten sind und Journalismus dadurch womöglich auf die schiefe Bahn gerät.

Gibt es eine Alternative? Ja, die gibt es immer. Die einfachste wäre es, mir als Berichterstatter im Beispiel oben den zweiten Satz schlicht zu verkneifen, wenn ich keinen (anderen) realen Zitatgeber finde. Ich könnte eine andere, ergänzende Textgattung wählen, etwa eine Analyse oder – noch besser – einen Kommentar, der als Meinungsbeitrag entsprechend eindeutig gekennzeichnet ist und wo ich nun ultrasubjektiv die Sau rauslassen kann. Oder ich lasse von Anfang an beim Nachrichtenschreiben selbst mehr Intersubjektivität zu und verzichte auf den altbackenen Beobachter-Trick, den zumindest journalistische Beobachter längst durchschaut haben.

Justieren Sie den Nachrichtenkern neu auf der Suche nach der einen zentralen, möglichst objektiven Aussage über den Parteitag. Fragen Sie sich, was hier wohl der Küchenzuruf wäre. Was würde der fiktive, im Esszimmer sitzende „Hans" des legendären Stern-Chefredakteurs Henri Nannen nach beendeter Lektüre einer Zeitschrift seiner Frau Grete zurufen, die – wie könnte es in der Welt eines 1949 Geborenen anders sein? – in der Küche steht und die Teller abwaschen will? Würde er rufen: „Stell Dir vor, Grete, der Söder ist mit 89 Prozent wiedergewählt worden"? Das klänge doch eher langweilig. Oder würde er nicht das kleine Wörtchen „nur" hinzufügen, das das Ereignis einordnet und es zu einer stärkeren Nachricht macht, weil es den Nachrichtenfaktor „Überraschung" betont? „Stell Dir vor, Grete, der Söder hat nur 89 Prozent der Stimmen erhalten." Man stelle sich vor, Grete wäre ein glühender Söder-Fan. Sie würde vor Schreck die Teller fallen lassen.

Beispiel 2: Der intersubjektiv erweiterte Leadsatz

CSU-Chef Markus Söder ist auf dem Parteitag der CSU in München mit für ihn enttäuschenden 89 Prozent in seinem Amt als Parteivorsitzender bestätigt worden.
Oder noch stärker der Wie-Einstieg: Mit für ihn enttäuschenden 89 Prozent der Delegiertenstimmen ist …◄

Modernes Nachrichtenschreiben ist mutiger. Es erzeugt mehr Spannung, ordnet ein, nimmt den Leser an die Hand, ohne ihn zu bevormunden. Voraussetzung dafür, dass man den Leadsatz um den Zusatz „mit für ihn enttäuschenden" ergänzt, ist eine Art Intersubjektivitätsprüfung. Diese kann real erfolgen oder auch fiktiv. Was ist darunter zu verstehen? Um festzustellen, was sich wie tatsächlich zugetragen hat, ist es ein probates Mittel, möglichst viele Menschen zu befragen, die das fragliche Ereignis beobachtet haben. Zeugen können aus einer unbewiesenen These eine belastbare Tatsachenaussage machen, wenn sie übereinstimmende Aussagen dazu tätigen.

Wie beleuchtet ein Richter einen strittigen Sachverhalt? Ist der Verkehrsteilnehmer vor dem Unfall über eine rote oder über eine grüne Ampel gefahren? Er selbst behauptet, die Ampel sei Grün gewesen. Doch fünf unabhängige Zeugen sagen aus, die Ampel hätte längst Rot gezeigt. Viel spricht also dafür, dass die Ampel wirklich Rot war. Doch eine objektive Aussage lässt sich daraus nicht ziehen. Theoretisch könnten sich ja alle Zeugen geirrt haben. Oder sie lügen. Oder, noch verrückter, sie haben etwas wahrgenommen, was gar nicht da oder ganz anders war. Die Ampel an sich und für Dich – das könnten, erkenntnisphilosophisch betrachtet, verschiedene Welten sein.

Aber spinnen wir nicht rum! Die Ampel war Rot. Diese Aussage ist intersubjektiv und damit quasi-objektiv gesichert; jeder vernünftige Richter dieser Welt würde den mutmaßlichen Rotsünder als Verursacher des Unfalls verurteilen. Und dies lässt sich nun auch auf unser Beispiel oben übertragen.

Söder behauptet, er sei zufrieden mit den 89 Prozent. Er will negative Schlagzeilen vermeiden. Doch wir wissen es besser. Seine Wahlergebnisse davor hatten SED-Niveau: irgendetwas jenseits von 98 Prozent. 89 Prozent sind für seine Verhältnisse ein Dämpfer. Nahezu alle politischen Beobachter (!) sehen das so. Wir fragen dies ab. Oder wir fragen es nicht ab. Es ist offensichtlich. Wir haben es selbst gesehen. Söders Ampel zeigte Rot, auch wenn er etwas anders behauptet. Dass er enttäuscht ist, enttäuscht sein muss, ist eine quasi-objektive Aussage und kann daher, wenn es der Journalist so will, Teil des Nachrichtenkerns sein. Langeweile geht anders.

3.2 Die Pyramide umformen

Dass beim Verfassen von Nachrichten das Beste nicht zum Schluss kommt, wie wir es beim Aufsatzschreiben in der Schule gelernt haben, dürfte einleuchten. Das Modell von der umgekehrten Pyramide verdeutlicht dieses Prinzip (Abschn. 2.1). Aber schon bei den sogenannten Softnews gilt das nicht mehr. Sie funktionieren in etwa wie ein Witz, dessen Pointe – damit er als solcher überhaupt funktioniert – ans Ende gehört und nicht an den Anfang.

Beispiel Softnews

Darmstadt. Ein gut erhaltener VW-Käfer hat in der Nacht zum Montag einen Dieb angelockt. Er versuchte, das Auto vom Gelände einer Kfz-Werkstatt im südhessischen Bickenbach zu stehlen. Doch der Käfer hielt eine Überraschung bereit, teilte die Polizei am Montag mit. So konnte der Dieb zwar problemlos Autotür und Lenkradschloss knacken. Aber beim Anlassen scheiterte er kläglich. Selbst die Kontrolle der Batterie, für die er extra die Rückbank ausbaute, brachte ihn nicht weiter. Dem Käfer fehlte schlicht der Motor.

Quelle: dpa, Landesdienst Hessen, 06.10.2003.◄

Komplexere Zusammenhänge lassen sich ebenfalls nicht in Reinstform in eine umgekehrte Pyramide pressen. Man stelle sich als Beispiel die lange Rede von CSU-Chef Markus Söder auf einem Parteitag vor, die sich drei wesentlichen Themen widmet: der Klima-, der Steuer- und der Europapolitik. Wie fast immer gibt es mehrere Möglichkeiten für den Einstieg wie für den Aufbau.

Der Leadsatz könnte die Rede zusammenfassen. Das wäre dann ein allgemeiner Einstieg, von dem aus man dann konkret zu den drei Themen überleiten könnte, der allerdings immer über die reine Rahmenhandlung (Die CSU ist zu ihrem Parteitag in München zusammengekommen) hinausgehen muss. Solche Einstiege wirken rund – aber auch langweilig, weil austauschbar wie im nachfolgenden Beispiel:

Beispiel 1, Söder-Rede, Leadsatz

CSU-Chef Markus Söder hat die 500 Delegierten auf dem CSU-Parteitag in München mithilfe einer kämpferischen Rede auf den beginnenden Wahlkampf eingeschworen.◄

Was immer geht, sollte man besser nie tun. Nehmen wir also einmal an, die Klimapolitik war aus Sicht der politischen Beobachter (!) das wichtigste der drei Themenbereiche. Dann gäbe es die Möglichkeit, dieses Thema bereits in den Leadsatz zu packen.

Beispiel 2, Söder-Rede, Leadsatz

Auf dem CSU-Parteitag in München hat CSU-Chef Markus Söder eine konsequentere Klimapolitik in der Bundesregierung angemahnt.◄

Im Sinne eines summarischen Print-Vorspanns könnten nun die beiden anderen Themen kurz angerissen werden, bevor sich der Artikel im nächsten Absatz wieder voll der Klimapolitik zuwendet.

Fortsetzung Beispiel 2

Unter dem Beifall der 500 Delegierten kritisierte er außerdem die aus seiner Sicht „alles hemmende EU-Bürokratie" scharf und positionierte sich in der Debatte um Steuererhöhungen: „Die wird es mit der CSU nicht geben."◄

Triebe man es nun auf die Spitze, müsste man alle nachfolgenden Aussagen nach abnehmender Wichtigkeit ordnen und somit konsequenterweise zwischen den Themen hin- und herspringen. Es ist offensichtlich, dass das das Textverständnis nicht gerade erhöhen würde. Die Lösung liegt darin, mit Pyramiden in der Pyramide zu arbeiten, also erst Thema 1 (zum Beispiel Klimapolitik) abzuarbeiten, dann Thema 2 (Europapolitik) und danach Thema 3 (Steuern) (Abb. 3.1).

Pyramiden in der Pyramide erhält man auch, wenn es um eine Ereigniskette geht, deren einzelne Bestandteile jedoch des Textverständnisses wegen chronologisch erzählt werden sollten. Dann dreht man die kleinen Pyramiden in der großen

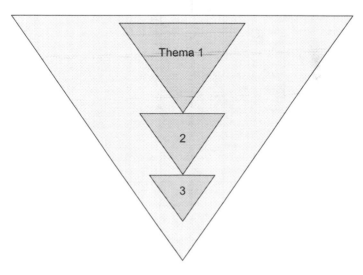

Abb. 3.1 Pyramiden in der Pyramide 1. (Eigene Abbildung)

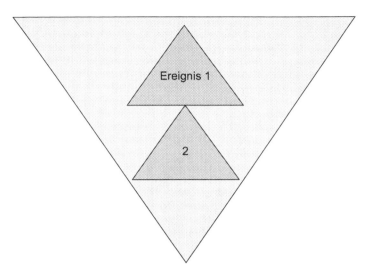

Abb. 3.2 Pyramiden in der Pyramide 2. (Eigene Abbildung)

Pyramide vom Kopf auf die Füße (Abb. 3.2). Ein Beispiel dafür ist die Meldung zu zwei aufeinanderfolgenden, sich ähnelnden Verkehrsunfällen, die mit einem zusammenfassenden Leadsatz startet:

Beispiel: Zwei Verkehrsunfälle

Bei zwei Verkehrsunfällen gestern Morgen in Wülfrath sind insgesamt drei Fußgänger verletzt worden, zwei von ihnen schwer.

Der erste Unfall ereignete sich der Polizei zufolge gegen 7.30 Uhr in der Düsseler Straße. Beim Abbiegen in die Dorfstraße hatte ein Autofahrer einen Vater mit seinem zehnjährigen Sohn übersehen, die gerade die Straße überqueren wollten, und diese mit seinem Wagen angefahren. Beide mussten mit Knochenbrüchen zur stationären Behandlung in ein Krankenhaus gebracht werden. Der Autofahrer erlitt einen Schock.

Rund eine Stunde später verletzte sich eine 70-Jährige, als sie am Hahnenfurther Weg von einem Fahrzeug erfasst und zu Boden gerissen wurde. Auch in diesem Fall gab der Autofahrer an, die Fußgängerin übersehen zu haben, wie die Polizei mitteilte. Die Frau konnte jedoch nach kurzer Behandlung durch die herbeigerufenen Rettungskräfte nach Hause gehen.◄

Mit ihrem sogenannten Bausteinemodell stellen die Nachrichten-Experten Schwiesau und Ohler das Prinzip der umgekehrten Pyramide generell infrage (2016, S. 37-40). Sie bleiben zwar dabei, dass der Nachrichtenkern in den ersten Satz gehört. Aber die einzelnen Bausteine einer Nachricht, die aus der Quellenangabe, aus verschiedenen Einzelheiten des Ereignisses und aus Hintergrundinformationen wie der Vorgeschichte bestehen können, halten sie für flexibel anzuordnen. Der Gedanke ist sympathisch: Sprengen wir die lästige Pyramide und befreien die kreativsten Köpfe unter den Nachrichtenschreibern! Sehen wir uns das mal an einem Beispiel an:

> **Beispiel: Schwebebahn-Nachricht, Variante 1**
>
> In Wuppertal fährt seit heute wieder die Schwebebahn. (Nachrichtenkern)
> Sie hatte monatelang pausieren müssen, nachdem Technikern statische Mängel im Gerüst aufgefallen waren. (Hintergrund/Vorgeschichte)
> Zu den ersten Fahrgästen gehörte Wuppertals Oberbürgermeister Till Tuffimann. (Einzelheit 1)
> In einer Grußbotschaft wünschte der NRW-Ministerpräsident dem Wahrzeichen der Stadt alles Gute und einen „künftig hoffentlich reibungslosen Betrieb". (Einzelheit 2)◄

Eine ganz andere Anordnung der Bausteine führt zu einer veränderten Variante, die auf dem ersten Blick so gut oder so schlecht ist wie die erste:

> **Beispiel: Schwebebahn-Nachricht, Variante 2**
>
> Nach monatelanger Pause fährt seit heute wieder die Wuppertaler Schwebebahn. (Kern)
> Zu den ersten Fahrgästen gehörte Wuppertals Oberbürgermeister Till Tuffimann. (Einzelheit 1)
> In einer Grußbotschaft wünschte der NRW-Ministerpräsident dem Wahrzeichen der Stadt alles Gute und einen „künftig hoffentlich reibungslosen Betrieb". (Einzelheit 2)
> Techniker hatten im April festgestellt, dass das Gerüst der Schwebebahn statische Mängel aufweist. Daraufhin wurde der Betrieb gestoppt. (Hintergrund)◄

Nun kann man sich darüber streiten. Wie wichtig ist die Hintergrundinformation? Muss sie weiter nach vorne? Oder kann man sie auch ganz ans Ende stellen?

Schwiesau und Ohler halten das für gleich gültig – und befördern damit unbeabsichtigt eine gewisse Gleichgültigkeit bei jenen, die sich keine Gedanken über die Wertigkeit von Informationen machen wollen. Denn die Autoren lassen in diesem Laborexperiment eine entscheidende Variable weg: den Leser.

Für wen schreiben wir? Das ist die zentrale Frage. Ist es eine Zeitung aus und für Wuppertal, dann kann man eine dort weitgehend bekannte Hintergrundinformation zum monatelangen Ausfall der bei allen Lokalpatrioten heißgeliebten Schwebebahn getrost ganz nach hinten packen – und mithilfe des Nach-Einstiegs in Variante 2 die Vorgeschichte im Leadsatz nur erst geschickt anreißen. Ist es eine Zeitung aus und für Hamburg, Berlin oder Oberpfaffenhofen, sollte die dort eher weniger bekannte Vorgeschichte unbedingt weiter nach vorne, so wie in Variante 1.

Die umgekehrte Pyramide – sie lebt! Denn man kann, ja man muss eine Relevanzentscheidung treffen für die unterschiedlichen Bausteine. In – Achtung! – Stein gemeißelt ist eine solche Entscheidung aber meist trotzdem nicht, und insofern liegen Schwiesau und Ohler ja nicht ganz falsch. Beispielsweise könnte man als Wuppertaler Medium die Einzelheit zum Oberbürgermeister wichtiger finden oder die Grußbotschaft des Ministerpräsidenten. Das ist, salopp ausgedrückt, Jacke wie Hose. Mit anderen Worten: Das Bausteine-Modell – es lebt auch!

Und der Leadsatz? Muss der Nachrichtenkern immer im Leadsatz stehen? In der 20-Uhr-Tagesschau der ARD ist das so. Sie folgt dem klassischen Nachrichtenmodell. In einer moderierten Sendung wie der 19-Uhr-Heute-Sendung im ZDF ist das nicht zwingend. Hier findet man sehr häufig einen gleitenden Einstieg in die Nachricht; der umgekehrten Pyramide wird quasi ein kleines Sahnehäubchen aufgesetzt, indem man den Leser beispielsweise mit einer bekannten Hintergrundinformation abholt, bevor der Nachrichtenkern dann im zweiten Satz folgt:

Beispiel: Schwebebahn-Nachricht, Variante 3

Monatelang stand die Wuppertaler Schwebebahn still. Seit heute endlich kann man wieder mit dem weltberühmten Wahrzeichen durch die Stadt schweben. (…).◄

Die Meldung ist angefeatured – was aber nicht mit den oben beschriebenen Hybridformen verwechselt werden sollte (Kap. 1 und Abschn. 2.3). Es geht hier nur um die ersten beiden Sätze. Kognitionspsychologisch betrachtet, ist das ein schlauer Ansatz. Mit dem ersten Satz weckt man den Rezipienten auf, stellt ihm das für ihn (hoffentlich) interessante Thema vor; dann ist er bereit, die Neuigkeit aufzunehmen. Das muss übrigens nicht nur ein Konzept fürs Zuhören sein. Das kann auch in einem Lese-Text funktionieren.

Auch die allgemeine Einordnung eines komplexen Sachverhalts kann eine Methode sein, eine Nachricht kurz anzufeaturen, bevor die Nachricht im zweiten Satz folgt. Man sollte nur aufpassen, dabei nicht ins Kommentieren abzugleiten; der Grat ist zuweilen schmal.

Beispiel: Schwebebahn-Nachricht, Variante 4

Die Wuppertaler können nun wieder mit Stolz auf ihr Wahrzeichen blicken: Nach monatelanger Zwangspause fährt seit heute die Schwebebahn durch die Stadt. ◄

3.3 Authentizität als Waffe nutzen

Seriöse Nachrichtenschreiber bemühen sich um größtmögliche Objektivität und halten sich mit eigenen Wertungen und Kommentierungen zurück. Andererseits bedeutet Nachrichtenjournalismus nicht, nur wie ein dressiertes Hündchen von PR-Abteilungen designte O-Ton-Häppchen aufzuschnappen und brav als Wortlaut-Zitate wiederzugeben. Wer will schon gerne ein Verlautbarungsjournalist sein?

Was vielen Nachrichtenschreibern nicht bewusst ist: Sie halten, wenn sie mithilfe der Direkten Rede zitieren, eine scharfe Waffe in der Hand, die sie manchmal sogar unbewusst (oder zumindest unreflektiert) einsetzen. Es geht um Wortlaut-Teilzitate. Aber treten wir noch einmal einen Schritt zurück und machen wir uns zunächst klar, welche Funktion An- und Abführungszeichen in der Schriftsprache haben.

Als Zitiersignale verleihen sie einem Text Authentizität. Das, was zwischen Anführungszeichen steht, erhält einerseits dokumentarischen Charakter (etwas ist so und nicht anders gesagt worden und wird hier wortlautgetreu wiedergegeben); andererseits reduzieren Anführungszeichen, und das klingt zunächst paradox, Gewissheit. Denn der zitierende Autor übernimmt erkennbar nur dafür Verantwortung, dass er das, was zwischen den An- und Abführungszeichen steht, richtig wiedergegeben hat. Ob der Inhalt selbst stimmt, also ob etwa eine zitierte Tatsachenbehauptung selbst auch den Tatsachen entspricht oder nicht – gerade darüber trifft Text in Anführungszeichen keine Aussage. Im Gegenteil.

An- und Abführungszeichen sind starke Distanzierungssignale. Spannend daran ist, dass das Wörtchen Distanz konnotiert ist mit Begriffen wie Zweifel, Ablehnung oder Missbilligung, also eine negative Wertung enthält, obwohl Distanz hier erst einmal ganz neutral beschreibt, dass es eine Kluft gibt zwischen dem Wortlaut des Zitierten und dem eigenen Text des Autors.

Authentizität und Distanz sind zwei Seiten einer Medaille. Man bekommt beim Zitieren das eine nicht ohne das andere. Der Zitierte muss sich das Zitat – wenn alles korrekt gelaufen ist – anrechnen lassen, während der Zitierende verdeutlicht: Von mir stammen diese Aussage und dieser Duktus nicht; ich habe damit nicht zu tun. Oder doch schärfer: Ich will damit nichts zu tun haben?

Wertende oder neutrale Distanz? Vielfach ist das für den Rezipienten nicht auseinanderzuhalten. Nehmen wir einmal folgendes Beispiel, um das zu verdeutlichen:

Beispiel: Meldung mit Teil-Zitat

> Bundesfinanzminister Otto Pfennigfuchser hat eine Steuererhöhung „mit Sicherheit" ausgeschlossen.◄

Ist das überhaupt erlaubt? Natürlich ist es das – vorausgesetzt, das wörtliche Zitat stammt in dieser Form und in diesem Kontext von Otto Pfennigfuchser. Wie zufrieden dürfte dieser über einen solchen Leadsatz sein? Womöglich nicht sehr zufrieden. Denn die kurze Teil-Zitierung wirkt besonders distanzierend, genauer: sie kann auf den Betrachter so wirken. Es kann sogar der Eindruck entstehen, als wolle der Nachrichtenschreiber den Leser in besonderer Weise gerade auf dieses Teilzitat hinweisen, ihn darauf aufmerksam machen, ihn warnen. Ein Finanzminister, der Steuererhöhungen ausschließt, und zwar angeblich „mit Sicherheit" – wie glaubhaft ist das?

Anführungszeichen sind polyfunktional. Sie kennzeichnen wortlautgetreue Zitierung. Sie werden hier und da aber auch gezielt eingesetzt, um einen Sachverhalt zu ironisieren, was eine besonders starke metasprachliche Kommentierung darstellt (Marinos, 2001, S. 292 ff.). Den Anführungszeichen selbst sieht man naturgemäß nicht an, in welcher Funktion sie gerade daherkommen. Das Verrückte ist: Je nach Kontext lässt sich das gar nicht entscheiden. Und das Verrückteste: Manchen Autoren ist das sehr recht so.

Der heimliche Kommentator ist aus dem Schneider. Sollte sich Otto Pfennig-fuchser oder sein Pressesprecher oder ein Pfennigfuchser-Fan unter den Lesern über eine unzulässige Ironisierung in einem nachrichtlichen Text beschweren, so kann der Autor immer mit Fug und Recht behaupten: Entschuldigung, ich habe hier nur ein besonders wichtiges Zitat authentisch wiedergegeben.

Entscheiden Sie selbst, was Sie damit machen! Sie sind ja ein erwachsener Mensch. Führen Sie sich aber immer vor Augen, dass Teilzitate alles andere als harmlose Werkzeuge beim Nachrichtenschreiben darstellen. Je kürzer das Teilzitat ist, desto stärker ist die Wirkung. An- und Abführungszeichen funktionieren wie Textmarker. Je weniger man markiert, desto mehr Aufmerksamkeit lenkt man auf die entsprechenden Stellen. Und denken Sie daran:

Es kann sich auch unbeabsichtigt ein Schuss lösen. Denn die distanzierende Wirkung im Sinne einer Wertung bis hin zur Ironisierung kann auch dann entstehen, wenn sie vom Autor in keiner Weise intendiert war. Besonders vorsichtige Nachrichtenschreiber verzichten daher vollständig auf kurze Teilzitate. Wer kein Langweiler sein will, setzt sie ein – aber immer genau wissend, was er da tut.

Schluss

4

Im Deutschen Wörterbuch von Jacob und Wilhelm Grimm heißt es, die Nachricht sei eine Mitteilung „zum Darnachrichten" (1889, S. 103). Das klingt nach dem guten alten Sender-Empfänger-Modell, das nur eine Richtung kennt: Wir Journalisten berichten, und Du, lieber Rezipient, nimmst es bitte zur Kenntnis. Mehr noch: Du richtest Dich danach. Oder noch schärfer: Du hast Dich danach zu richten; denn andere Informationen über die Welt außerhalb Deines unmittelbaren Erfahrungsbereiches erreichen Dich nicht.

Es soll ja im zweiten Jahrzehnt des dritten Jahrtausends noch immer einzelne Redakteure mit solchen Allmachtsphantasien geben, die ihr Wissen als Herrschaftswissen begreifen und das Gatekeeping als Erziehungsinstrument. Ihnen möchte man als neue Mitteilung „zum Darnachrichten" zurufen: Leute, es ist vorbei!

Die Nachricht – sie lebt. Und sie ist lebendiger denn je. Sie ploppt mal hier, mal da auf, wird vom Rezipienten weggewischt, weitergeleitet, umgeformt, eingepasst oder kommentiert. Der Sender wird zum Empfänger wird zum Sender wird zum Empfänger. Journalisten publizieren, Nicht-Journalisten publizieren ebenfalls. Und das ist auch gut so. Es schmeckt nach Demokratie, nach Herrschaft des Volkes.

Aber: Professionelles Nachrichtenschreiben ist regelgeleitet, folgt bestimmten Standards und garantiert eine gewisse Qualität. Der nichtjournalistische Schreiber von Social-Media-Posts folgt eigenen oder fremden Interessen, verfälscht, manipuliert, ist hinterlistig oder einfach nur doof. Das Problem ist: Desinformation sieht für den Laien auf dem ersten Blick wie Information aus; Fakenews kommen im Gewand seriöser Nachrichten daher. Wo man früher Leserbriefe schreiben und hoffen musste, dass der Leserbriefseiten-Redakteur sie nicht in die Ablage

© Der/die Autor(en), exklusiv lizenziert durch Springer Fachmedien Wiesbaden GmbH, ein Teil von Springer Nature 2021
A. Marinos, *Journalistische Praxis: Modernes Nachrichtenschreiben*, essentials, https://doi.org/10.1007/978-3-658-36274-4_4

P befördert, ist heute jeder Mensch nur einen Klick weit von einem potenziellen Massenpublikum entfernt.

Begreifen wir Journalisten es als Chance. In der digitalen Flut seriöser und unseriöser Informationen wird der Ruf nach Profis lauter, die Fakten und PR, Nachrichten und Meinungen auseinanderhalten können – Profis, die schnelle, präzise und stets verlässliche Informationen auf unsere smarten Geräte schicken, nach denen wir uns (auch!) richten können. Wenn wir denn wollen.

Und dafür bezahlen. Denn Qualitätsjournalismus gibt es nicht zum Nulltarif.

Was Sie aus diesem *essential* mitnehmen können

- Mit der digitalen Transformation wird die Nachricht wieder zur Top-Textform
- Die klassischen Regeln zum Nachrichtenschreiben sind ruck-zuck gelernt
- Nachrichtenschreiben ist alles, nur nicht dröge
- Der Algorithmus der Suchmaschinen belohnt uns, wenn wir nachrichtlich schreiben
- Routinen machen so souverän, dass man sie anschließend lustvoll durchbrechen kann

© Der/die Herausgeber bzw. der/die Autor(en), exklusiv lizenziert durch
Springer Fachmedien Wiesbaden GmbH, ein Teil von Springer Nature 2021
A. Marinos, *Journalistische Praxis: Modernes Nachrichtenschreiben*, essentials,
https://doi.org/10.1007/978-3-658-36274-4

Literatur

Grimm, J., & Grimm, W. (1889). *Deutsches Wörterbuch,* (Bd. 7).

Haller, M. (2001). Den Lesern das Typische zeigen. In: Sage & Schreibe Werkstatt. *Journalist, 7,* 2 ff.

Hooffacker, G. (2016). *Journalistische Praxis: Online-Journalismus. Texten und Konzipieren für das Internet. Ein Handbuch für Ausbildung und Praxis.* Springer VS.

Köhnlein, S. (2019). *Das Wichtigste zuerst. Meldungen schreiben in Zeiten von Twitter, Fake News und Roboter-Journalismus.* Books on Demand.

Liesem, K. (2015). *Professionelles Schreiben für den Journalismus.* Springer VS.

Marinos, A. (2001). *„So habe ich das nicht gesagt!". Die Authentizität der Redewiedergabe im nachrichtlichen Zeitungstext.* Logos.

Schneider, W. (1999). *Deutsch für Profis. Wege zu gutem Stil.* Mosaik bei Goldmann.

Schwiesau, D., & Ohler, J. (2016). *Journalistische Praxis: Nachrichten – klassisch und multimedial. Ein Handbuch für Ausbildung und Praxis.* Springer VS.

Weischenberg, S. (2001). *Nachrichten-Journalismus.* Westdeutscher.

}essentials{

Alexander Marinos

Der ideale Stellvertreter

Eine empirisch begründete
Handreichung für alle Anhänger
moderner Führung

 Springer VS

Printed in the United States
by Baker & Taylor Publisher Services